문예신서
287

삶의 의미

존 코팅햄

강혜원 옮김

東 文 選

삶의 의미

John Cottingham
On the Meaning of Life

© 2003, John Cottingham

This edition was published by arrangement
with Taylor & Francis Books Ltd., London
through Korea Copyright Center, Seoul

삶의 의미

"놀라운 명료함으로 저술된 (…) 코팅햄의 저서는 (나의 생각에) 불가지론자나 무신론자들도 동의할 수밖에 없는 정교함과 정확함으로 '우주적 그리고 종교적' 문제에 접근하고 있다. (…) 뛰어난 작품이다."

퍼거스 커(블랙프라이어즈, 옥스퍼드)

차 례

머리말 ———————————————————— 9

1. 궁극적 문제 ———————————————————— 11
    소멸되지 않는 문제 ———— 12
    과학과 의미 ———— 16
    무(無)가 아닌 유(有) ———— 21
    종교적 질문이란? ———— 23
    하나님 이후의 의미 ———— 27
    인간은 만물의 척도인가? ———— 33
    다양성, 의미, 그리고 평가 ———— 36
    의미 있다는 것의 의미 ———— 40
    의미와 도덕성 ———— 44
    인간성과 개방성 ———— 48

2. 의미를 가로막는 벽 ———————————————————— 55
    공허 ———— 55
    근대주의의 도전 ———— 61
    다원주의의 그림자 ———— 66
    과학, 종교, 그리고 의미 ———— 72
    진화와 '맹목의' 세력들 ———— 76
    진화론적 메커니즘의 '저열함' ———— 80
    물질과 과잉 고통 ———— 84
    우주의 성격 ———— 92

3. 의미, 연약함, 그리고 희망 ─────── 99
    도덕성과 성취 ─── 99
    헛됨과 연약함 ─── 103
    종교와 선의 탄력성 ─── 110
    연약함과 유한성 ─── 115
    영성과 내적 변화 ─── 119
    교리와 실천 ─── 128
    실천에서 신앙으로 ─── 136
    꼬리말: 의미에 대한 암시 ─── 146

    색 인 ─────────────── 155

머리말

삶의 의미에 대한 질문들은 종교적 질문들과 밀접하게 얽혀져 있으며, 따라서 자동적 반발을 초래할 위험을 가지고 있다. 많은 종교인들은 삶과 그 의미에 대한 어떤 해석에서도 그 중심은 교리라고 생각한다. 그러므로 그 교리에서 시작되지 않는 해답에 대해서는 관심을 두지 않을 수 있다. 이와 대조적으로, 많은 무신론자들은 종교적 관념들이 삶에서 의미를 찾고자 하는 모든 인간적 노력에 참견하도록 허용되어야 한다는 생각에 대해 염증을 느낄 수 있다. 내가 양측에 대해 그러한 거부감을 주지 않았다고는 감히 생각할 수 없다. 다만 합리적으로 확정할 수 있는 지식의 경계를 넘어서는 문제들에 대한 독단주의적 교착 상태에서 옆으로 한 발짝 물러남으로써, 의미 추구의 '영적' 차원이라는 범주에 대해 생산적인 탐구가 가능한 공간을 발견할 수 있으리라는 것이 나의 희망이다. 이 영적 차원의 중요성과 귀중함을 밝히며, 이 영적 차원이 우리가 공유하고 있는 가치와 헌신에 어떻게 연결되는지를 드러내며, 과학과 철학의 희생 없이 영적 차원을 수용하는 방법을 찾는 것이 이 책의 중요한 목적들이다. 글의 (의도적) 전개 방법은 점진적이며, 따라서 마지막 장까지 그 목적들이 완전히 눈에 들어오지 않을 수 있다. 이에 대해 독자의 인내를 요청하고자 한다. 이 책은 짧은 책이며, 철학적 전문성과 그 용어들은 피하였으므로 이 요청이 지나친 부담은 되지 않으리라고 생각한다.

제3장의 일부 내용은 2001년 3월 세인트앤드루스대학교에서 열린 영성학술회의에서 발표되었다. 그 회의에서 열띤 토론에 참여한 참석자들에게 감사한다. 출판에 앞서 원고를 읽어 주고 유익한 제안과 날카로운 비평으로 도움을 준 맥스 드 게이니스포드와 짐 스톤에게 감사한다. 또한 레딩대학교 철학과 동료 교수들에 대해 감사를 표하고 싶다. 지난 세월 동안 이들의 우정과 지원은 나에게 커다란 힘이 되었다. 이 책이 마무리될 때까지 강사 교체를 지원해 준 대학의 연구신탁기금부서에도 깊은 감사를 드린다. 또한 이 책의 여러 주제들에 대한 생각을 나누고 말로 표현할 수 없을 만큼 나의 삶을 풍성하게 만들어 준 나의 가족들에게 가장 깊은 감사를 표하고 싶다.

2002년 4월 영국, 레딩에서
존 코팅햄

1
궁극적 문제

"좋아요." 컴퓨터 딥소트가 말했다. "우주와 만물, 삶이라는……."
"예!"
"위대한 질문에 대한 해답은……." 딥소트가 말하였다.
"예!"
"해답은……."
"예…!!! …?"
"42입니다." 딥소트는 한없는 위엄과 침착함으로 말하였다…….
한참 후에야 누군가 말문을 열었다.
"42라뇨!" 룬퀄은 소리쳤다. "750만 년 동안의 연구에서 보여 줄 것이 그것뿐이라는 겁니까?"
"매우 철저히 검토하였습니다." 컴퓨터가 말했다……. "솔직하게 말해서, 당신이 그 문제가 실제로 무엇인지를 알지 못하는 것이 문제라고 생각합니다."
"그렇지만 그 문제는 위대한 질문이었소! 우주와 만물, 삶에 대한 궁극적 질문이었소." 룬퀄이 부르짖었다.
"예." 아둔한 사람에게 짐짓 관대함을 보이며 딥소트는 말했다.

"그 문제가 실제로 무엇입니까?"

막막한 침묵이 느리게 흐르는 가운데 사람들은 컴퓨터를 빤히 쳐다보고, 또 서로를 빤히 쳐다보았다.

"알다시피, 그 문제는 모든 것이지요······. 모든 것······." 포우치 그가 가냘프게 대답했다.

더글러스 애덤스, 《은하로 가는 히치하이커 길잡이》[1]

소멸되지 않는 문제

중요한 듯 보이는 문제들이 다 그처럼 중요한 것은 아니다. 20세기의 상당 기간 동안 여러 영어권 세계에서는 철학의 전통적 대의제들 중 많은 것들을 의사 의제로 처리해 버리는 일이 흔하였다. 삶의 의미에 관한 오랜 수수께끼에 대해 난감해 있던 사람들은 의미란 언어의 영역에 한정된 개념이라는 것을 확고히 상기하게 되었다. 단어나 문장 혹은 명제가 의미를 가진다고 할 수는 있으나, 나무의 삶, 바닷가재의 삶, 혹은 인간의 삶과 같은 이 세상의 사물이나 사건은 의미를 가진다고 할 수 없는 것이다. 그러므로 철학이 삶의 의미에 대해 탐구할 수 있다는 생각 자체는 개념적 혼란이 있다는 표시라고 간주되었다. 비트겐슈타인[2]이 말한 것처럼 문

---

[1] Douglas Adams, *The Hichhiker's Guide to the Galaxy*(London: Pan Books, 1979), pp.135-6.
[2] Ludwig Wittgenstein(1889-1951): 오스트리아의 분석철학자. 철학적 문제가 우리들이 평소 사용하고 있는 언어 작용의 오해로부터 생긴다고 하였다. [역주]

제 자체의 소멸이 이 문제에 대한 해법이었다.[3]

그러나 이 문제는 소멸되지 않는다. 삶에 대한 의미 추구는 비록 혼란이 있다 하더라도 언제나 강력하게 우리를 붙잡고 있다. 더글러스 애덤스의 **히치하이커** 모험담에서, 슈퍼컴퓨터가 그 문제를 해결해 줄 것이라는 터무니없는 믿음을 가졌던 등장 인물들은 애초에 문제를 체계화하는 방법에 대해서는 절망적으로 모호한 사람들일 수도 있다. 그러나 그토록 많은 사람들이 얽매였던 이 오랜 추구가 단순히 철학적인 지리멸렬함만이 아니라는 강한 골자를 말해 주고 있다.

인간의 존재는 신비스러운 것――경이롭게 바라보아야 할 낯설고 두려운 것이다. 아리스토텔레스는 철학이 경이의 자식이라고 말하였으며,[4] 일상적으로 당연시되는 것에 의해 동요되는 능력이 인간의 본성 자체와 불가분의 관계에 있는 탐구 정신을 증명하는 보증서라고 하였다. 하이데거[5]가 말한 대로 인간은 그 존재 자체가 스스로에게 **문제**(issue)된다는 점에서 독특함을 지닌다. 다른 말로 표현하면 "존재의 목소리를 들었을 때, 모든 존재 중에서 인간만이 경이 중의 경이인 그 무엇인가를 경험한다"는 것이다.[6]

---

3) Ludwig Wittgenstein, *Tractatus Logico Philosophicus*(1922)(London: Routledge, 1961), 6. 521.
4) Aristotle, *Metaphysics*(c.330BC), book I, Ch. 2; cf. Francis Bacon, *The Advancement of Learning*(1605), I, i. 3.
5) Martin Heidegger(1889-1976): 독일의 철학자. 〔역주〕
6) 존재에 대한 토론은 Martin Heidegger, *Being and Time*(*Sein und Zeit*, 1927) trans. J. Macquarrie and E. Robinson(new York: Harper and Row, 1962), §9 참조; '경이 중의 경이'는 Heidegger 〈What is Metaphysics〉(〈Was ist Metaphysic?〉), inaugural lecture of 1929 참조.

삶의 의미에 대해 물을 때 우리가 묻고 있는 것은 진정 무엇인가? 부분적으로 우리는 나머지 우주와 우리와의 관계에 대해 묻고 있다. 즉 우리는 누구이며, 어떻게 하여 여기에 존재하게 되었는가를 묻고 있다. 이 질문의 한 측면은 우리의 기원에 대한 과학적 질문이다. 이에 대해 밝혀진 최근의 해답은 우리가 별에서 왔다는 놀라운 사실이다. 도시에서 멀리 떨어진 장소, 스며드는 소음과 눈부심으로 밤이 오염되지 않은 장소를 찾아가, 그곳에서 수많은 찬란한 빛의 점들이 우리를 내려다보며 빛나고 있는 광활하고 고요한 암흑의 공간을 경이롭게 올려다볼 수 있다면(이것은 점점 귀하고도 어려운 경험이지만), 그때 우리가 보는 것이 우리와 이 연약한 행성 위의 다른 모든 것들의 기원이 된 것과 동일한 물질이다. 우리 인간은 우주의 한 부분이다. 마치 자갈 한 개가 잡석 더미의 한 부분이 되는 것처럼, 우주에 속한 것은 되는 대로 모두 모아 만든 목록에서 그 한 항목이 우리 인간이라는 말이 아니다. 인간은 진실로 우주와 하나이다. 우주와 공통된 기원을 가지며 우주의 물질로 만들어졌다. 우리는 우주진(宇宙塵)으로 만들어진 것이다.

우주에 속하나 우주에서 소외되었다고 말한다면, 그렇다고 할 수도 있다. 고대 스토아학파 철학자들은 인간의 이성이 우주 전체에 충만한 영적 본질인 이성(Reason)이라는 통치 원리의 축도라고 생각하였다. 수세기 후에 합리주의 철학자 라이프니츠[7]는 "무익한 것과, 불모의 것과, 죽은 것은 우주에 존재하지 않는다"고 단언하였다.[8] 그러나 오늘날의 지배적 견해에 따르면, 우주적으로 말

---

7) **Leibniz**(1646-1716): 독일의 철학자, 수학자, 자연과학자. 〔역주〕

하여 삶과 합리성은 실재의 지엽적이고 비전형적인 특성들이며, 자연은 현저히 맹목적·비합리적이며 죽은 것이라고 한다. 시인 하우스먼은 다음과 같이 탄식한다:

······자연, 무정한 목격자 자연은
어떤 낯선 이의 발이 풀밭을 가로질러
침해하고 가버릴 것인지
관심도 없고 알지도 못한다.
아침 이슬 가운데서 그 이슬들이
나의 것인지 아닌지를 묻지도 않는다.[9]

인간은 그 지적·문화적 성취에 대해 자부심을 가질 수도 있다. 그러나 백열광(白熱光)의 수소 구름이 무한히 팽창해 나가는 상상을 초월한 영겁의 시간에 비추어 볼 때[10] 인간은 낯설고 일시적인 우연일 뿐이며, 메마른 바위 표면에 몇 년이나 몇십 년 형성되다가 사라져 버리는 곰팡이보다 중요하지도 않다.

이러한 종류의 평가는 우리의 기원에 대한 근대 과학의 이해와 연계시킬 수 있다. 그러나 중요한 것은 이러한 평가가 과학을 넘어선다는 것이다. 단지 '사실'만을 보고하는 것이 아니라 그 가정된 사실이 우리에게 무엇을 '의미'하고 있는지, 또한 우리의 자아

---

8) Gottfried Wilhelm Leibniz, *Monadology*(1714), §69.
9) A. E. Housman, 〈Tell me not here, it needs not saying〉, from *Last Poems* (1922), XL.
10) 수소는 전 우주에서 가장 많이 존재하는 원소로, 주로 상층 대기에 많다. 〔역주〕

개념과 자존감에 대해 무엇을 의미하는지 말하고 있는 것이다. 우리 삶의 의의에 대한 이러한 판단이 어떻게 과학적 탐구만으로 확립될 수 있는지는 알기 어렵다. 다시 한번 비트겐슈타인을 인용하면(이번에는 우리의 대질문에 대해 좀더 호의적으로 말한다), "우리는 모든 과학적 문제들이 해결되었을 때에도 삶의 문제가 아직 끝나지 않았다고 느낀다."[11] 정확히 왜 그렇게 느껴야 되는 것인가?

과학과 의미

지난 세기 동안 과학은 매우 눈부시고 가속적인 발전을 하였으며, 시간이 조금 더 있다면 왜 우리가 여기에 존재하고 우리의 존재가 무엇을 의미하는지를 과학적으로 설명할 수 있을 것으로 가정하려는 유혹이 있을 정도였다. 이 가정은 우리 시대의 가장 뛰어난 과학자 스티븐 호킹[12]의 견해와도 같다:

지금까지 대부분의 과학자들은 **왜**의 문제를 묻기 위해 우주가 **무엇인지**를 기술하는 이론들을 새로 개발하는 데 지나치게 몰두하였다……. 그러나 우리가(양자물리학과 일반 상대성 이론을 결합하는) 완벽한(그리고 통합된) 이론을 발견한다면 (…) 우리는 모두 (…) 왜 우리와 우주가 존재하는가의 문제를 토론하는 데 참여할 수 있을 것이다. 그 문제에 대한 해답을 발견한다면, 그것은 인간 이성의 궁극

---

11) Wittgenstein, *Tractatus*, 6. 52.
12) Stephen Hawking(1942-): 영국의 물리학자. 〔역주〕

적 승리가 될 것이다……. [13]

그것이 **무엇**인가, 그리고 **왜** 존재하는가를 구별하여 생각하는 것은 아주 흔한 일이 되었다. 마찬가지로 과학이 **어떻게**의 문제들은 다루지만 **왜**의 문제들은 다루지 않는다는 것도 자주 언급된다. 그러나 사실 과학자들이 특징적으로 하는 일들을 분류하는 데 그러한 구별은 특별한 도움이 되지 않는다. 오히려 아리스토텔레스가 과학 탐구에 관한 해답을 네 가지 유형으로 명쾌하게 구분하고 있다:

1) 사물이 만들어진 구성 물질을 지시해 주는 해답('질료' 인(質料因)).
2) 사물의 본질이나 종류를 상술해 주는 해답('형상' 인(形相因)).
3) 사물이 현 상태로 되게 한 동기가 되는 힘을 가리키는 해답('시동' 인(始動因)).
4) 사물이 향하는 목적을 말해 주는 해답('목적' 인(目的因)). [14]

이 네 가지 종류의 설명은 '왜'의 질문에 훌륭한 과학적 해답이 될 수 있다.

---

13) Stephen Hawking, *A Brief History of Time*(London: Bantam Press, 1988), p.193.
14) Aristotle, *Physics*(c. 325BC), Book II, Ch. 8. '질료(material)' '형상(formal)' '시동(efficient)' 그리고 '목적(final)'이라는 용어들은 아리스토텔레스가 사용한 용어가 아니며, 그의 저서 라틴어 번역판에서 파생한 것이다.

1) "왜 그 다리는 튼튼한가?" "왜냐하면 철강으로 만들어졌기 때문이다(질료)."

2) "왜 얼음을 물로 분류하는가?" "왜냐하면 동결된 H_2O이기 때문이다(형상)."

3) "왜 당구공은 움직이는가?" "왜냐하면 당구대로 쳤기 때문이다(시동)."

4) "왜 나무들은 뿌리가 있는가?" "왜냐하면 성장을 위해서 물과 영양분을 빨아올려야 하기 때문이다(목적)."

마지막 유형의 해답은 아리스토텔레스의 저술에서 특별한 중요성을 가지고 있다. 그는 모든 사물이 일정한 자연적 목적-상태를 향한다고 주장하였다. 그러나 비록 현대 과학자들, 그 중에서도 특히 생물학자들이 현상에 대해 이 목적론적 설명을 아직도 자주 하고는 있지만, 궁극적으로는 전적으로 기계적 본질을 가진 기본 미세 구조라는 측면에서 이러한 목적론이 설명되어야 한다는 것이 17세기 이후의 지배적 원리였다. 17세기의 위대한 철학자이자 과학자인 데카르트[15]가 과학에서 목적론을 추방하였다고 말하는 것이 이러한 의미에서이다. 데카르트는 천체 현상이든 아니면 지구상의 현상이든 모든 자연 현상의 행동을 지배하는 수리물리학[16]의 보편적 법칙에 그 궁극적 기초가 있는 단일 유형의 설명을 생각했

---

15) René Descartes(1596-1650): 프랑스의 철학자·수학자.〔역주〕
16) Mathematical physics: 정식화된 일반적 법칙에 근거하여 구체적인 문제를 처리할 경우 이것을 수학 해석의 적용을 통해 전개시키는 물리학의 한 분야이다.〔역주〕

었다. 자연 깊은 곳에 있는 최종적 의도나 목적 추구는 그의 설명에 존재하지 않는다. 과학자의 임무는 모든 관찰 가능한 사건들을 관련된 수학 법칙의 범주 안에 넣는 것이었으며, 이 결정적 법칙들과 관련하여 '왜'의 질문이 얻을 수 있는 해답은 아무것도 없었다. 그래야만 한다는 것이 하나님의 명령이라고 말할 수도 있다. 사실 데카르트는 그것이 하나님의 명령이었다고 말하였으며, 또한 곧이어 하나님 섭리의 근본 이유는 인간 과학자들이 발견할 수 있는 것이 아니라고 덧붙였다. 하나님 섭리의 근본 이유는 "가늠할 수 없는 하나님 지혜의 심연 속에 영원히 갇혀 있다."[17] 데카르트에서 한 세기가 지난 후 저술 활동을 하였던 데이비드 흄[18]은 완전히 세속적 언어로 표현하였지만 본질적으로는 데카르트와 평행한 노선을 택하였다. 즉 과학의 임무는 관찰 가능한 자연계를 측량하는 것이나, 자연의 '궁극적 근원과 원리'에 대한 가정은 인간의 측량 능력을 넘어선다고 보았다.[19]

이 입장은 계몽주의 철학자들에 의해 처음 확립되었으며, 그 이후에도 흔들리지 않고 확고히 유지되었다. 과학이 발전한다 해도 그 '궁극적' 문제들을 다루는 방법을 아는 것은 어려운 일이다. 그러므로 현대 과학자들이 특정한 구조나 사건에 대해서는 여러 가지 '왜'의 질문들을 자주 던지고 있다고는 하지만, 모든 현상들의

---

17) René Descartes, *Meditations*(*Meditationes de prima philosophia*, 1641), Fifth Replies, in J. Cottingham *et al.*(eds), *The Philosophical Writings of Descartes* (Cambridge: Cambridge University Press, 1985), vol. II, p.258.
18) David Hume(1711-1776): 영국의 철학자. [역주]
19) David Hume, *An Enquiry Concerning Human Understanding*(1748), Section IV, part 1; in L. A. Selby-Bigge(ed.) *Hume's Enquiries*, rev. P. H. Nidditch(Oxford: Clarendon, 1975), p.30.

바탕이 된다고 생각되는 가장 일반적이고 궁극적 원리들이 '왜 그럴까?'라는 질문을 용납한다고는 생각되지 않는다. 우리가 우주에 대한 완벽한 통합 이론을 이루고자 한다면(데카르트와 흄, 뉴턴과 아인슈타인, 그리고 호킹과 같은 현대 우주론자들까지 연결하는 철학-과학의 대비전을 성취하려 한다면), 그 통합 이론은 극소수의 포괄 법칙과 원리 안에 우주의 모든 관찰 가능한 현상들을 포함시키는 이론일 것이다. 그러나 **왜** 이런 원리들이 존재하는가를 묻는 질문은 흄의 생생한 표현대로 '인간의 호기심과 탐구로부터 완전히 차단되어' 있어야만 할 것이다.[20]

그러므로 '인간 이성의 궁극적 승리'가 될 위대한 포괄물리학에 대한 현대의 희망에는 문제가 있다. 만유인력과 양자물리학을 연결하는 슈퍼 이론이 고무적인 목표가 될 수는 있어도, 그 슈퍼 이론이 "왜 우리가 존재하고 우주가 존재하는가"라는 궁극적 문제를 해결해 줄 것으로 가정해야 하는 근거에 대해서는 분명하지 않다. 우리가 아는 대로의 우주를 일관성 있게 설명할 수 있는 모델이 갖게 될 극심한 제약들을 고려할 때, 그러한 통합 이론만이 **유일하게** 가능한 이론이 될 것이라고 주장하기도 한다. 그러나 후보 이론이 오직 하나뿐일지라도 우주가 지금 그대로의 모습이라면 그 이론은 단순히 유일하게 가능한 이론에 불과하며, 왜 우주가 있어야 하는지를 설명하기에는 부족할 것이다. 일부 우주론자들(호킹을 포함하여)은 대통합 이론이 '매우 불가항력적이어서 스스로의 존재를 초래할 수도 있을 것'으로 생각하기도 한다.[21] 그러나 이것을 진지하게

---

20) Hume, loc. cit.

받아들이기는 어렵다. 이론이 우주를 생성시킬 수는 없는 것이다.

무(無)가 아닌 유(有)

과학은 우주에 대해 가능한 한 완벽하고 포괄적인 설명을 제공하려는 목적을 가진다. 그러나 과학이 어떤 성공적이고 통합된 이론을 가지고 있는가에 상관없이, 왜 우주가 존재하여 그 설명을 구하는가의 문제에 대해서는 과학도 설명할 수 없다는 것이 지금까지 우리의 입장이다. 이 입장은 "왜 무(無)가 아니라 유(有)인가?"라는 오랜 철학적 질문과 충돌하며, 관찰 가능한 우주 안에서는 어떤 것도 이 질문에 대해 답할 수 없다는 생각에 비추어 볼 때 그 충돌은 분명해진다. '공간과 시간 속 생명의 수수께끼'에 대한 해답이 있다면, 그것은 공간과 시간 바깥에 있어야 할 것이다.[22] 여기에서 우리는 또 하나의 출구 없는 벽에 부딪힌다: 우주의 시간적·공간적 한계 바깥, 즉 이마누엘 칸트[23]가 말한 대로 '현상 세계'의 바깥에 그 해답이 있다면, 그 해답은 인간이 알 수 있는 것들의 지평을 넘어서는 것이 아닌가? 만약 현상을 넘어서는 '본체'의 초월적 영역이 있어서 왜 우리 인간과 우주가 여기에 있는 것인지 설명한다면, 우리가 일관성 있게 말할 수 있는 것은 아무것도 없을 것이라는 위험이 있게 된다.

---

21) Hawking, *A Brief History of Time*, pp.192-3.
22) Cf. Wittgenstein, *Tractatus*, 6. 4312.
23) Immanuel Kant(1724-1804): 독일의 철학자. [역주]

여기까지가 과학의 한계일 수도 있다. 그러나 여기가 인간 담론의 한계일 필요는 없다. 서구 문화와 그외 문화에는 풍부한 종교적 언어의 전통이 있으며, 그 전통은 현상 세계에 대한 가장 완벽한 과학적 설명에서도 제대로 포착되지 않는 것들을 다루는 임무에 종사하고 있다. 말로 표현할 수 있는 것의 한계에 저항하는 것이 종교적 담론의 임무라고 말할 수 있다. 일부 신학은 전적으로 관찰 가능한 증거와 합리적 증명의 경계선 안에 머무는 것을 목적으로 하였으며, 데이터에 대한 최선의 해석을 구하는 과학자의 태도로(질서·계획·운행 등과 같은) 실재의 일정한 측면들을 설명하는 해석적 가설로서의 하나님을 염원하였다. 이 자연신학의 사조는 수세기 동안 많은 철학자들의 관심을 끌었으며, 다만 현대에 와서는(특히 다윈주의의 승리 속에서) 그 적수가 되는 무신론적 해석들이 관련 현상들에 대해 성공적으로 설명함으로써 심각한 침식을 당하였다. 신학에는 이러한 신학의 유사-과학적 사조 외에도, 엄격한 논증이 아닌 가정된 계시 능력으로 인해 그 가치를 인정받는 상징·은유·시·설화 등이 포함된 광대한 범위의 종교적 언어들이 있다. 여기서의 종교적 담론은 우리의 합리적인 과학 문명의 단어들로는 완전히 담을 수 없으나, 그래도 적어도 어떤 식으로든 보이고, 드러내고, 명백해질 수 있는 것들을 다루는 데 목적을 둔다.[24]

이 종교적 담론은 우주와, 그리고 우리 인간의 삶에 의미를 부여할 현상 세계 너머의 그 어떤 것을 모색한다. 이 종교적 담론이 왜 무(無)가 아니라 유(有)인가라는 오랜 수수께끼에 대해 합리적이고

---

[24] 계시의 특별한 양식인 은유에 대해서는 D. Cooper, *Metaphor*(Oxford: Blackwell, 1986), p.256 참조.

과학적인 해답을 제공하지는 못할 것이다. 그것은 우리가 앞서 살펴본 것처럼 지식 체계의 한계를 넘어서는 문제이기 때문이다. 그러나 이 종교적 담론의 옹호자들은 이 담론이 그 한계에도 불구하고 우리가 실존의 막막한 신비에 대면할 때에 느끼는 현기증, 즉 사르트르[25]가 말한 '구토감'을 달래 준다고 주장하였다. 다음에서 살펴볼 종교적 해답은――삶의 의미라는 문제에 대한 여러 답 중의 하나이며――삶에 의미와 가치를 부여하는 맥락에 우리의 삶을 놓고자 하는 목적을 가진다. 이 담론에서는 어떤 것도 궁극적 의미가 없는 임의적 이질 세계로 우리의 감정이 내던져지는 대신 우리의 본향을 찾을 수 있다는 희망을 우리에게 제공한다.[26]

종교적 질문이란?

종교는 인간이 그들의 삶에 대한 의미와 목적을 발견하는 한 가지 방법임이 분명하다. 그러나 종교가 유일한 방법인 것인가? 알베르트 아인슈타인[27]은 "'인간의 삶의 의미가 무엇인가'라는 질문에 대한 답을 안다는 것은 종교적이 된다는 것을 **의미한다**"고 확

---

25) Jean-Paul Sartre(1905-1980): 프랑스의 철학자·작가. 무신론적 실존주의와 마르크스주의의 종합을 시도하여 세계적으로 영향을 끼친 지식인.〔역주〕
26) '구토감(nausea)'에 대해서는 Jean-Paul Sartre, *La Nausée*(1936), passim, 그리고 *L'Être et le Néant*(1943), trans. as *Being and Nothingness*(London: Methuen, 1957), p.338 참조. '내던져짐(thrownness, *Geworfenheit*)에 대해서는 Heidegger, *Being and Time*, §29, §38 참조.
27) Albert Einstein(1879-1955): 독일 태생의 미국 이론물리학자로, 상대성 이론의 창시자이다.〔역주〕

실히 단언하였다.[28] 20세기의 또 다른 거장 프로이트[29] 또한 "인생에 목적이 있다는 개념은 종교 체계와 함께 일어서고, 또 함께 넘어진다"고 주장하였다.[30] 물론 이같은 관련성에서 자동적으로 종교적 입장이 옹호되어야 한다는 말은 절대 아니다. 프로이트 자신은 종교가 제공하는 해답이 인간 정신(psyche)의 불건강하고 무질서한 것들에 영합한다고 생각하였다:

> 삶의 의미와 가치에 대해 질문하는 순간, 그 사람은 병든 것이다 ……. 이 질문을 함으로써 그는 단지 충족되지 않은 리비도의 창고로 들어가고 있는 것이다. 그 리비도의 창고에는 또 다른 것, 즉 슬픔과 우울로 이끄는 일종의 흥분이 반드시 발생되어 있다.[31]

《문명과 이에 대한 불만들》에서의 프로이트의 견해에 따르면, 하나님에 대한 믿음은 유아적 반응에 기초한다고 한다. 즉 어린 시절 '보호를 받고자 하는 욕구'에 의해 자극된 무서운 '무력감'이 그것이다. 그 보호는 아버지가 제공한 사랑을 통한 보호였다. 그리고 이 무력감이 일생을 통해 지속된다는 인식은 더 강력한 아버지

---

28) Albert Einstein, *Mein Weltbild*(Amsterdam: Querido, 1934), trans. S. Bargmann, *Ideas and Opinions by Albert Einstein*(New York: Crown), p.11.
29) Sigmund Freud(1856-1939): 오스트리아의 정신과 의사로, 정신분석학의 창시자이다. [역주]
30) Sigmund Freud, *Civilisation and its Discontents*(*Das Unbehagen in der Kultur*, 1930), Ch. 2; in J. Strachey(ed.), *Standard Edition of the Complete Psychological Works of Sigmund Freud*(London: Hogarth, 1953-74), XXI, p.76.
31) Letter to Marie Bonaparte of 13 August 1937; in *Letters of Sigmund Freud*, trans. T. and J. Stern(New York: Basic Books, 1960).

의 존재에 매달리는 것을 불가피하게 만들었다.[32]

이러한 프로이트의 진단은 상당한 영향력이 있었으며, 하나님은 인간의 불안감에 반응하여 생겨난 단순 투영에 불과하다는 현대 무신론자들의 생각을 알리는 것으로 생각될 수도 있다. 그러나 종교적 충동을 이런 식으로 처리해 버리는 데에는 적어도 두 가지 문제가 있다. 첫째, 유아의 절망적 무력감이 궁지에 처한 인간의 연약함을 나타내는 적절한 이미지가 될 수는 있어도, 프로이트 자신이 분석한 바대로 그 연약함이 유아기에만 한정되는 것은 분명 아니다. 죽음·질병, 그리고 사고에 대한 우리의 연약함과 우리가 사랑하는 사람들의 연약함은 회피할 수 없는 인간 조건이다. 그렇기 때문에 그 연약함에 대한 올바른 인식은(비록 그 문제에 지속적으로 매달리는 것이 노이로제의 한 증상임을 인정하더라도) 정상적인 합리적 인간이 **당연히** 해야 할 일로 생각된다.[33] 둘째, 하나님을 하나의 투영으로 말하는 것은 결국 유신론자와 무신론자 사이의 토론이 진척되는 것을 방해한다. 우리의 동경을 외부의 근거에 외적으로 투영시키고자 하는 충동에 그 객관적인 대응물이 있는가 혹은 없는가의 문제를 해결할 수 없기 때문이다. 불안하고 연약한 인간은 그들의 안전에 대한 욕구를 보호자인 천상의 아버지에게 투영하기를 원한다고 말하는 것은 확실히 그럴듯하다. 그러나 그와 똑같이 종교의 신자들도 우리의 참된 운명이 우리의 창조주와의 합일에 있는 까닭에, 우리가 그 창조주를 찾을 때까지는 당연히 불안하고

---

32) Freud, *Civilisation and its Discontents*, Ch. 1.
33) 그러나 종교적 입장이 우리의 연약함에 대처하는 '적합한' 방법인가라는 질문에 대해서는 아직까지 결론을 내리지 못하고 있다.

위태롭게 느낄 것이라고 주장할 수 있다. 고대의 많은 저술가들이 유신론적 영성에 대해 반복적으로 말하였던 내용이 정확히 이 후자의 주제와 같다. 즉 **영혼은 하나님이신 무한대의 선(善)을 인식하려고 태어난다. 따라서 영혼은 오직 하나님 안에서만 안식과 만족을 찾아야 한다**(nata est anima ad percipiendum bonum infinitum, quod Deus est; ideo in eo solo debet quiescere et eo frui).[34] 따라서 투영에 대한 토론에서 그 결과는 교착 상태이다. 인간이 하나님의 자애로운 보호에 대한 강력한 욕구를 느낀다는 사실은 그 보호가 실재하는가, 혹은 실재하지 않는가에 대한 아무런 논리적 설명이 되지 않기 때문이다.

그러나 지금 이 단계의 논쟁을 위해서 그러한 신적 실재, 즉 삶의 의미에 대한 우리의 탐구에 토대가 될 수 있는 객관적 상관물이 없다고 잠시 가정하기로 하자. 그러한 경우 인간의 삶은 공허하고 무의미한 것일까? 하나님이 죽었다면 도스토예프스키[35]의 한 등장 인물이 선언할 것처럼 모든 것이 허용되는 것인가?[36] 마찬가지로 하나님이 없다면 모든 것이 무의미한 것인가?

---

34) St. Bonaventure, *Commentarii Sententiarum Petri Lombardi*(1248-55), Book I, 1 iii 2, in Opera Omnia(Collegium S. Bonaventurae: Quarachhi, 1891) I, 40. 이보다 앞서 Augustine, *Confessions*(*Confessiones*, 400), book I에 이 주제가 제시되었다.

35) Dostoevsky(1821-1881): 러시아의 소설가. 〔역주〕

36) Ivan, in Fyodor Dostoevsky, *The Brothers Karamazov*(1880).

하나님 이후의 의미

전문가의 말에 의하면, 우울증은 외인성(外因性) 우울증과 내인성(內因性) 우울증의 두 종류가 있다고 한다. 우울증은 실직이나 사별 같은 고통스러운 외적 상황에 의해 야기될 수 있으며, 또한 분명히 자연 발생적이어서 직접적인 외부 원인이 없는 내적 무기력으로 나타날 수도 있다. 이와 유사한 방식으로, 의미도 외인성 의미와 내인성 의미로 나누어 볼 수 있을 것이다. '어딘가에 존재하며' 가치와 의미의 궁극적 근원이 되는 초월적 창조주의 의지에 순응하는 한 그 삶이 의미 있다고 생각할 수 있다. 그러나 또한 '내부에서' 의미를 찾을 수도 있다. 다시 말해 스스로의 선택과 헌신의 작용으로 내부로부터 의미를 구성해 가는 것이다. 저 유명한 '신의 죽음'을 선언한 프리드리히 니체[37]는 유신론 이후의 세계에서는 인류가 스스로의 내부에서 의미를 생성해야 할 것이며, 이것이 모든 가치의 유일한 근원이라고 분명히 말하였다: "결국 인간이 사물에서 발견하는 것은 스스로 이입시킨 것들뿐이다: 우리가 학문이라고 부르는 발견은, 우리가 이입한 예술·종교·사랑·자부심인 것이다."[38]

이 내인적 의미 개념, 즉 인간이 자신의 삶에 대한 의미의 창조자·생성자가 된다는 개념은 근대 문화와 포스트모더니즘 문화에

---

37) Friedrich Nietzsche(1844–1900): 독일의 철학자·시인. [역주]
38) Friedrich Nietzsche, *The Will to Power*(*Der Wille Der Macht*, 1888), trans. W. Kaufmann and R. J. Hollingdale(New York: Random House, 1975), p.327.

방대한 영향력을 미쳤다. 니체의 비전은 세 가지 단계를 가지고 있다고 볼 수 있다. 첫째 단계는 《즐거운 지식》(1882)에서 나타나는 '하나님의 죽음'의 개념이다. 한 광인이 대낮에 등불을 밝히고 하나님을 찾는다고 부르짖으며 저잣거리로 뛰어든다. 그는 주위에 둘러선 무신론자들에게 비웃음을 당한다. 무신론자들은 "하나님이 실종되었다는 것인가? 아니면 여행을 떠났거나 이민이라도 갔다는 것인가?"라며 조소한다. 결국 그 광인은 "우리가, 당신들과 내가 하나님을 죽였다!"고 선언하고, 그 도시의 교회들을 돌며 진혼곡을 부른다. 그 진혼곡은 전통적 미사 성구의 패러디이다. 하나님이 죽은 자들에게 안식을 주라는 기도가 아니라, **신 자신**이 영원한 안식에 처해지는 '영원한 신의 진혼곡(requiem eternam Deo)'이 되었다.[39]

한 세기가 지난 후 니체의 선언이 지닌 그 최초 충격의 정도는 다소 약화되었다. 그러나 지금 일반적으로 10퍼센트 미만의 사람들만이 예배 의식에 참여하고 있는 서구 유럽의 오래된 도시들을 돌아볼 때에, 그 광인의 도전을 흉내내고 싶은 마음이 들 수도 있을 것이다: "지금 이 교회들이 신의 무덤과 묘비가 아니라면 그 무엇이라는 말인가?" 탄생, 결혼, 그리고 죽음의 의식에서, 파종과 추수 절기를 축하하는 일에서, 매주 일요일마다 지역 사회가 모이는 일에서, 매년 겨울과 봄에 거행되는 그리스도의 탄생과 부활에 대한 대규모 의식에서, 종교적 관습을 그렇게 중요시하던 문화, 이

---

39) Friedrich Nietzsche, *The Joyful Science*(*Die Fröhliche Wissenschaft*, 1882), §125; trans. in W. Kaufmann(ed.), *The Portable Nietzsche*(New York: Viking, 1954), pp.93ff.

복잡한 체계의 버팀목이 되었던 문화는 멸종되지 않았더라도 여러 곳에서 사라졌거나 급속히 허물어져 가고 있는 것으로 보인다.

그러나 여기에서 니체 예언의 둘째 단계가 작용하기 시작한다. 부처가 죽은 후에 '수세기 동안 동굴 속에 그의 대단하고 무시무시한 그림자가 보였던' 것처럼, 하나님이 죽은 후에 "수천 년 동안 하나님의 그림자가 보일 장소들이 있을 것이다. 우리는 역시 그 그림자도 없애야 한다."[40] 연소 작용에 대한 더 나은 과학적 설명이 나온 후에야 플로지스톤[41]에 대한 믿음을 저버린 것처럼 하나님과의 이별은 그렇게 단순한 과정이 아니다. 종교적 믿음은 우리의 개념 지도에서 전체 그림에 영향을 주지 않고도 찢어 버릴 수 있는 한 외진 구석에 있는 것이 아니다. 오히려(다른 은유로 말하자면) 불가사의하게 상호 연결된 믿음·태도·감정의 거대한 거미줄의 중앙에 놓여 있다. 그 믿음과 태도·감정을 풀어내는 것과, 그 풀어냄의 결과를 감내하는 데는 철저한 변혁이 있어야 한다. 하나의 과학적 가설을 수정하고 조절하는 것과 같은 인지적 영역에서의 변혁만이 아니라 훨씬 원시적인 방법의 변혁도 관련된다. 이것은 실재에 대한 우리의 도덕적·사회적·심미적, 그리고 심리적 지향이라는 근본적 측면에서의 변혁이 종종 이성 이전의 단계에서 일어난다는 것을 암시해 준다. 수많은 사람들이 공식적으로는 자신들의 세계관의 중심으로서의 하나님의 개념을 저버렸을 수도 있다. 그러나 상대적으로 소수의 사람들만이 그 저버림이 어떤 '완성'으

---

40) Nietzsche, *The Joyful Science*, §108.
41) phlogiston: 산소를 발견하기 전까지 가연물 속에 존재한다고 믿어졌던 것. 〔역주〕

로 느껴질 뿐 많은 사람들에게는 모호한 불안감이 남는 것 같다. 어떤 이들에게는 온전히 세속적인 사회의 도덕적 방향에 대한 불안감으로 나타나고, 또 어떤 이들에게는 최근 유행하는 영성 양식에 대한 간헐적 관심으로 나타나며, 또 일부에게는 더 이상 선택 사항이 되지 못하는 신앙의 양육과 안정성에 대한 우울한 향수로 나타나기도 한다. 니체의 시각으로 본다면 인류는 그 종교적 유산에서 나온 축적 자본에 대해 무기력한 의존성을 갖게 되었으며, 매주 송금 없이 사는 것을 배우는 일은 쉽지 않을 것으로 보인다. 그림자를 소멸시키는 일은 용기와 결단을 요구한다.

이제 니체 이야기의 셋째 단계가 출현한다. 니체의 비전이 완전히 파괴적인 것은 아니다. 또한(리처드 도킨스와 같은 현대의 세속 변증자들이 보여 준 기운차고 쾌활한 무신론과 같이)[42] 모든 것을 소탕해 버리는 힘찬 과학의 빗자루로 모든 종교적 파편들을 쓸어 버리자는 탄원은 더욱 아니다. 그 대신 광인의 외침에는 '지금까지 세상이 소유하였던 것 중에 가장 강력하고 가장 거룩한 것'을 상실한 데에 대한 격렬한 비탄과, 죽은 하나님에 대한 인간적 대리인을 세우는 영웅적 임무를 시도하려는 결심으로서의 열정적 동경이 고취되어 있다. "이러한 행위의 위대함이 우리에겐 너무 지나치게 위대한 것은 아닌가? 그 위대성의 가치를 보이기 위해 우리가 스스로 신이 되어야 하는 것은 아닌가?"[43] 이 말은 그것이 없다면 삶이 무미와 진부로 빠져들어 버리는 그 생생한 목적감은 어떤 대

---

42) Richard Dawkins, *River out of Eden: A Darwinian View of Life*(New York: Basic Books, 1995) 참조.

43) *The Joyful Science*, §125.

가를 치르더라도 회복시켜야 한다는 의미이며, 이 목적감을 포착하기 위해 니체는 영원한 회기(Eternal Recurrence)의 실존 신화를 주장하였다.

지금 당신이 살고 있고 살아왔던 이 삶을 당신은 다시 한번, 그리고 수없이 많이 다시 살아야 할 것이다. 그 삶에 새로운 것은 아무 것도 없을 것이며, 다만 모든 고통, 모든 기쁨, 모든 생각과 한숨, 그리고 지극히 크고 지극히 작은 삶의 모든 것들이——동일한 순서와 차례로——당신에게 되돌아와야 할 것이다. 심지어 이 거미 한 마리와 나무 사이의 달빛, 이순간, 그리고 자신까지도 되돌아와야 할 것이다. 영원한 실존의 모래시계는 계속 되돌려지며, 한 점 티끌인 당신도 그와 함께 되돌려진다.[44]

이 상상의 영원 회기가 어떤 식으로든 목적이나 외적 의미를 준다는 것은 아니다. 무한한 계속이나 끝없는 반복이 지금 달빛 속에 보이는 거미의 의미에 대해 어떤 차이를 가져온단 말인가? 니체의 우주에서 우리는 진정 혼자이다. 니체가 말한 약한 자를 달래려는 종교의 맥빠진 위안마저도 없이 우리는 전적으로 우리 자신의 힘에 맡겨져 있다. 어둠이 우리를 감싸고 있으며, 그 어둠을 밝힐 수 있는 오직 한 가지는 우리 자신의 불굴의 의지이며, 영원

---

44) *The Joyful Science*, §341. 영원 회기의(문자적이 아닌) 실존적 해석을 보려면, B. Magnus and K. M. Higgins, 〈Nietzsche's works and their themes〉, in their edited collection *The Cambridge Companion to Nietzsche*(Cambridge: Cambridge University Press, 1996), pp.37ff 참조.

한 반복의 조건에서도 다른 응답을 선택하지 않는 그러한 열렬함으로 삶의 매 실존 순간에 대해서 "예!"라고 말하려는 결심이다. "이것을 다시 한번 원하고, 또 수없이 여러 번 원하는가?"라는 질문은 "최대한의 스트레스로 우리의 행동을 내리누를 것이며," "이 궁극적 확답의 봉인 외에는 어떤 것도 갈망하지 않는다"고 할 만큼 강력한 긍정의 대답에 의해서만 극복될 것이다.[45]

니체의 비전에서 의미는 전적으로 내부에서부터 생성되어야만 한다. 하나님의 죽음 이후 우리가 살아야만 하는 세계는 예이츠[46]의 시구에 표현된 세계이다.

밤에 타오르는 불길은 그 무엇이든지
인간 자신의 수지(樹脂)의 심장이었다.[47]

---

45) *The Joyful Science*, §341.
46) W. B. Yeats(1865-1936): 아일랜드의 시인 · 극작가. 〔역주〕
47) 인간이 중히 여기는 모든 것은
    한순간 혹은 하루를 지탱할 뿐.
    사랑의 쾌락은 인간의 사랑을 쫓아 버리고
    화가의 붓은 인간의 꿈을 소멸시킨다.
    전령의 외침, 병사의 발소리는
    인간의 영광과 힘을 고갈시킨다.
    밤에 타오르는 불길은 그 무엇이든지
    인간 자신의 수지(樹脂)의 심장이었다.
        (W. B. Yeats, 〈Two Songs from a Play〉, *The Tower*(1928))

  The Time Literary Supplement no. 5044(December 3, 1999), p.11에서 Richard Rorty는 마지막 두 연을 Nietzsche의 비전과 결합시킨다.

인간은 만물의 척도인가?

철학자 프로타고라스[48]는 인간이 만물의 척도이며, 존재하는 것은 존재하고 존재하지 않는 것은 존재하지 않는다고 하였다.[49] 소크라테스[50]는 어렵지 않게 이 오만의 표본을 반박하였다. 프로타고라스의 말은 그 방자함에서 오만하다. "그는 우리를 지으신 자요, 우리는 그의 것이니"라는 〈시편〉 저자의 외침에는[51] 그 바탕의 신조가 무엇이 되었든지, 적어도 우리가 전적으로 우연한 존재로서 우주에 존재하고 있으며, 우리가 창조하지 않은 실재에 의존하고 있다는 기본 진리를 인정하는 겸손함이 있다. 프로타고라스의 말은 또한 그 거짓 심오함에서 오만하다. 현대의 프로타고라스 계승자들은 지치지도 않고 다음과 같이 지적한다:

우리 안의 깊은 곳에는 우리 스스로 넣어둔 것 외에는 아무것도 없다. 우리가 관례를 창조하는 과정에서 창조한 규범 외에 다른 것은 없으며, 그러한 규범에 호소하지 않는 합리성의 표준은 없고, 우리 자신의 관습에 복종하지 않는 열띤 논쟁은 없다.[52]

---

48) Protagoras(BC 485?-BC 410?): 고대 그리스의 철학자. 〔역주〕
49) Plato, *Theaetetus*(c.370BC), 160D.
50) Socrates(BC 470?-BC 399): 고대 그리스의 철학자. 〔역주〕
51) 〈시편〉, 100편.
52) Richard Rorty, *Consequences of Pragmatism*(Minneapolis: University of Minnesota Press, 1982), p.xlii.

그러나 이 모든 인간적 절차들은 인간이 아닌 어떤 독자적 실재를 직면해야 한다. 그 실재는 융성할 수 있는 인간적 절차들은 결국 허용하고 부적합한 절차들은 제거한다. 인간적 절차들이 이 실재를 직면하지 않는다면 그 어떤 절차도 아무런 효용과 가치가 없을 것이라는 사실이 남는다. 주어진 토양에 주어진 식물이 잘 자라는가 혹은 잘 자라지 않는가, 주어진 엔진이 다른 엔진보다 잘 작동하는가 혹은 잘 작동하지 않는가, 아니면 지구가 매년 태양을 공전하는가 혹은 공전하지 않는가 등에 대한 척도는 우리 인류가 **아니다**. 우리가 우리의 이론들을 만드는 것은 분명하다. 그러나 그 이론들이 실제 경험의 장애물까지 측정하지 못할 때, 그 이론들이 붕괴되는 것을 우리는 결코 방지하지 못하며 다만 연기할 수 있을 뿐이다.

물론 프로타고라스와 그의 현대 소피스트 후계자들의 과장된 주장 뒤에 남는 잔여 진리는 있다. 우리가 인류 문화 밖으로 뛰어나가지 못하고, 그리고 다시 뛰어들어와 어떤 이론이 참이며 어떤 이론이 거짓인지 선언하지 못하기 때문에, 우리의 가설들이 실재와 맞는다고 보증해 줄 황금률이나 절차에 접근하는 특권 없이, 진리에 대한 직통의 연결선 없이, 동료들과의 끊임없는 대화의 맥락 안에서만 작용해야 한다는 것을 인정해야 한다. 그러나 그러한 보증에 대한 그릇된 희망을 포기함으로써 우리의 결심과 상관없이 거기에 존재하는(혹은 존재하지 않는) 실재들을 발견하는 것(혹은 그 실재들을 제거하는 것)에 인간 학문의 목적이 있다는 사실을 잊게 된다면 그것은 안 될 일이다. 예이츠 시의 좀더 환기적인 용어로 표현하면, 우리 자신의 '수지의 심장'은 결국 실재를 '태우지' 않는다. 그 심장은 어둠 속에 존재하는 것을 보도록 비추어 주기는 해도 그것을 **결정할 수는 없다**.

내부에서부터 의미를 생성하려는 니체의 영웅적 시도가 이 잔여 진리와는 어떤 관련이 있는가? 인간이 혼자 의미를 창조할 수 있으며, 스스로의 확고한 단언만으로 객관적 근거가 있는 진리와 가치를 우회할 수 있다는 가정을 함으로써 니체는 프로타고라스적인 오류에 위태롭게 접근하고 있는 듯하다. 의미와 가치는 거친 의지에 속할 수 없다. 의미와 가치는 우리의 결정과 믿음, 그리고 그 결정과 믿음의 **토대가 되는 것** 사이의 일치와 관련되어야 한다. 그 토대는 종교사상가들의 주장대로 거룩하게 생성될 수도 있으며, 혹은 예를 들어 우리의 사회적 본성이나 생리적 본성에 관한 근본 사실과 같은 것에 기초할 수도 있다. 다만 인간의 결단만으로는 창조될 수 없는 것이다.

간단히 말해서 니체의 해법은 성립할 수 없다. 또한 그것은 어떤 경우이든 비인간적이며, 적어도 비인도적이라고 덧붙여 말할 수 있다. 정제되지 않은 의지를 가치와 의미의 열쇠라고 높이는 철학, 구원을 일종의 영웅적 투쟁에 예속시키고 강자들만이 견뎌낼 수 있는 극심한 스트레스로 만들어 버리는 철학은—— '신이 되기'에는 제대로 갖추지 못하고, 또 그럴 마음도 내키지 않는——모호한 사람들, 회의적인 사람들, 의심하는 사람들, 우유부단한 사람들, 허약한 사람들, 무력한 사람들의 주장을 동시에 존중할 수 없기가 쉽다. 니체는 그의 문학적 그리고 철학적 천재성에 돌발적 흠집을 낸 일종의 격앙된 외침으로 "더욱 용맹스러우며 호전적인 시대, 무엇보다 용기에 다시 한번 경의를 표하는 시대가 막 도래하려 한다는 징조"를 열렬히 환영하였다.[53] 그후 1세기 동안의 비참한 경험에 비추어 보면, 니체가 비웃었던 보편적 형제애라는 종교 윤리에 (역사적으로) 뿌리박힌 덜 영웅적이나 더욱 민주적인 가치들, 즉 화해와 동정이라는 좀더 세속적인 덕목들을 더 선호해야만 하는 이유를 인류가 점점 더 많이 깨달아 가기를 바라는 게 유익할 것이다. 그러나 니체에 대한 이같은 후기는 잠시 보류하기로 하자. 이 후기가 의미 추구와 도덕적 토대 사이의 관련성에 대해 제기하는 일반적 문제들이 있기 때문이며, 그 문제들을 설명하려면 좀더 시간이 필요하기 때문이다.

다양성, 의미, 그리고 평가

인간이 단순히 의지를 행사함으로써 의미와 가치를 창조할 수 없다면, 그들이 수행하는 여러 가지 다양한 활동과 계획에서는 왜 의미를 찾을 수 없는 것인가? '여러 가지' 그리고 '다양한' 이라는 표현이 여기서의 핵심어이다. **히치하이커**에서 철학자 룬퀼과 포우치그를 당혹스럽게 만든 그 문제가 어려웠던 이유는, 그들이 단일하고 위대하며 모든 것을 포괄하는 해답으로서의 의미를 찾고 있었다는 사실에 있을 것이다. 그리고 그것이 대부분의 종교 사상가들이 의미에 대해 생각하였던 전통적 방법이었다. 그러나 우리는 이 주문에서 벗어날 필요가 있을지도 모른다. 그 대신 좀더 겸

---

53) *The Joyful Science*, §283.

손하고 점차적인 접근법, 소위 현대적 세속 인본주의의 침착한 형이상학적 소망과 보다 조화되는 접근법을 채택할 필요가 있다. 벌린[54]은 다음과 같이 간결하게 표현한다:

> 모든 인류에게 동일한 (…) 발견 가능한 목적, 혹은 목적의 유형들이 (…) 존재한다는 (…) 확신은 틀린 것이다; 또한 그 확신에 딸린, 모든 장소의 모든 인간에게 구원을 가져다 준다는 참된 단일 교리에 대한 개념 또한 틀린 것이다.[55]

앨런이라는 골프 애호가가 있다. 그는 은퇴하였으며, 생활하기에 충분한 연금을 받고 있다. 건강도 적당히 좋으며, 일주일에 세 번 골프를 즐긴다. 지역 골프 모임의 일부 다른 회원들의 삶을 병들게 하는 자기 기만과 사회적 술수에서 앨런은 자유롭다고 가정하자. 앨런은 사회적 출세를 위해서, 혹은 사업을 위해서, 혹은 그의 고급 골프채를 과시하기 위해 그 모임에 나오는 것이 아니다. 그는 진실로 골프 시합을 즐긴다. 골프 치는 것은 그의 생활에 어떤 체계를 잡아 준다. 그는 매주 다가오는 골프 시합을 기대하고, 그 시합이 잘되면 만족감을 느낀다. 분명 앨런은 본격적인 의미의 '삶의 의미'를 아직 알지 못한다. 그러나 그가 자신의 삶의 한 의미, 혹은 어떤 의미를 발견하는 데 성공하였다고 조용히 겸손하게 말

---

54) **Isaiah Berlin**(1909-1997): 영국의 정치학자 · 철학자 · 지성사가 · 작가. 〔역주〕
55) Isaiah Berlin, 〈John Stuart Mill and the Ends of Life〉 in *Four Essays on Liberty*(London: Oxford University Press, 1969).

할 수는 없는 것인가? 앨런의 이야기와 자신이 좋아하는 일에 만족스럽게 몰두하고 있는 수많은 다른 사람들의 유사한 이야기들이 우리가 삶의 의미라는 문제에 대해 말할 수 있는 내용, 또 말할 필요가 있는 내용을 모두 나타내고 있다고 할 수는 없는 것인가?

이 겸손해 보이는 결론에 도달하기 위해서는 가정되는 전제들이 있어야 함에 주목해야 한다. 우리는 앨런에게 경제적 여유가 있음을 명기하였다. 이러한 지적에는 그의 삶의 순조로운 흐름, 일상의 생활에서 지나친 걱정과 압박이 없다는 것, 충분한 여가 시간, 그 시간의 사용에 대한 선택권을 행사할 수 있는 능력 등 여러 가지 전제들이 포함된다. 우리는 또한 그가 허영에 찬 자만심이나 사장에게 잘 보이기 위한 욕망과 같은 저열한 동기에 영향을 받지 않고, 골프가 주는 즐거움만을 위해 골프를 친다고 명기하였다. 여기에는 더 많은 전제들이 있다. 이번에는 선택된 추구 활동이 자율적 행위자로서의 앨런의 지위를 반영하는 정도에 대해 전제된 것들이다. 만약 그가 일자리를 잃을 수도 있다는 비참한 두려움에서, 아니면 스포츠에서 그의 아버지의 성취를 앞지르고자 하는 잠재 의식적 충동에서 골프를 친다면, 그가 삶의 한 의미를 찾았다고 인정하는 것에 대해 좀더 의심해 보아야 할 것이다. 적어도 삶의 의미를 찾았다는 구절이 갖는 긍정적 의미들에 대해서는 의심해 보아야 할 것이다.

이 마지막 요점은 삶의 '의미'에 대한 담론은 불가피하게 평가적 담론이 된다는 사실을 드러내 준다. 어떤 활동이나 삶이 의미 있다고 묘사하는 것은 분명 그 활동이나 삶에 대한 인정 혹은 칭찬이다. 지금은 평가를 주관적 선호의 문제로 생각하는 사람들이 많이 있다. "정말 가치 있는 판단이다!"라는 문장은 "그것은 당신의 임의적이고 개인적인 선호일 뿐이다!"라는 것을 의미하기 위해 사용되는 수가 많다. 그러나 사실 우리가 단지 임의적으로 객관적 근거 없이 '마음에 들어하는' 사물이 있을 수 있다 할지라도, 그 사물들이 가지고 있는 **객관적 특징들 때문에 그것들에 가치를 두는 것**이 전형적이다. 우리는 그 치료적 성질 때문에 약품에 가치를 둔다. 기분을 돋우거나 편안히 쉬게 하기 때문에, 아니면 아름답게 조화를 이루었기 때문에 음악에 가치를 둔다. 숙련된 기술, 유머 감각 혹은 똑똑함 때문에 동료를 존중한다. 다시 말해 가치 판단은 전형적으로 임의적 선호에 기초한 것이 아니라 객관적으로 평가할 수 있는 세상의 특징에 **토대를 두고 있다**. 이 '토대'를 반영하고 있는 것은 특징적으로 철학자들이 '밀도 있는' 개념이라고 부르는 우리의 가치 판단 용어들이다. 이 밀도 있는 개념들은 "와, 좋다!"라고 빈약하게 말하지 않는다. 그들은 우리가 그 대상이 좋다고 판단하게 해주는 실제적 특징들을 그 안에 포장하여 담고 있다.[56] 그러므로 '관대한'이나 '용감한' 같은 개념들은 긍정적 평가와 관련된 특징들의 일괄 목록을 지니고 있다. 용기는 위험에 직면하여 굳건히 서는 것과 관련되며, 관대함은 다른 사람들에게 주는 것에 대해 넉넉한 자세를 가지는 것과 관련된다. 어떤 삶이 의미 있다고 가정하는 것은 단순히 "와, 대단하군!"이라고 빈약하게 말하기보다는

---

56) 여기에 덧붙여야 할 내용은, 우리가 '밀도가 옅은' 개념들("이 물건은 좋습니다" "그 행동은 옳습니다")을 사용할 때에도, 우리의 평가는 전형적으로 그 대상이나 행동이 좋다거나 옳다고 여겨지게 하는 특성들 또한 객관적으로 평가할 수 있는 특성들에 근거한다는 것이다.

지적 가능한 구체적 특징들 때문에 칭찬하는 것이므로 확실히 밀도 있는 개념이라고 생각된다. '의미 있는' 이 밀도 있는 개념들 중의 하나라고 일단 인정한다면, 이 용어와 일반적으로 관련된 목록은 무엇인지 생각해 보기로 한다.

의미 있다는 것의 의미

무엇보다 먼저 어떤 활동이나 삶이 의미 있다고 말하는 것은 일반적으로 어떤 **심오함**이나 **진지함**을 암시한다(그러나 여기서의 '진지함'이 '엄숙함'을 의미할 필요는 전혀 없다). 추구라는 것은 깊은 뜻에서 의미 있는 것이지, 얕은 뜻에서 의미 있는 것은 아니다. 그러므로 어떤 것이 의미 있다고 평가할 때는 그것이 사소하고 어리석다는 점은 배제한다. 골프와 같은 여가 활동은 이 점에서 다소 경계선상에 있는 것으로 보인다. 이러한 여가 활동들은 실제적이고 중요한 레크리에이션 작용(양육, 기분 전환, 정신적 조화 혹은 확장)이지만, 예를 들어 건강을 증진하거나 직업 선수로서의 운동 능력을 키워 주는 것같이 그 이상의 역할을 한다는 것을 조건으로 할 때만 의미 있다는 자격이 생길 수 있는 것으로 보인다. 그러나 찢은 신문지로 뭉친 공을 한 줄로 똑바로 세우는 일은 (포로수용소에서 제정신을 유지하게 해준다는 등의 어떤 특별한 경우를 제외하고) 일반적으로 의미가 있을 수 없다. 이 점은 의미 있는 활동이라는 것은 반드시 **성취 지향적**이어야 한다는 두번째 특성으로 연결된다. 즉 의미 있는 활동은 어떤 목적을 가지고 있고, 그 목적의 실행에 에너지와 관심 혹은 리듬이 집중되는 것을 요구한다는 것이다. 득점을 하거나 정확히 맞추고자 하는 관심 없이 막연히 다트를 던지는 것은(다시 한번, 특별한 경우는 제외하고) 의미 있는 활동이라고 말할 수 없다.

의미 있음의 가장 두드러진 특징은 언어 영역 내 원래의 의미론적 근거에서 나온다고 생각된다. 의미 있음은 해석학적 개념이라고 말할 수 있다. 어떤 것이 행위자에게 의미가 있기 위해서는 그 행위자가 그것을 **해석해야** 하고, 일정한 방식으로 그 뜻을 **파악해야** 하기 때문이다. 결혼식에서 주고받는 말들은 당사자들이 그것을 서약의 교환으로 파악하기 때문에 의미가 있고, 체육관에서의 운동은 그것이 막연한 신체적 움직임이 아니라 심혈 관계 건강을 향상시키기 위해 구성된 프로그램으로 보기 때문에 의미가 있으며, 꽃다발을 다른 사람의 손에 쥐어 주는 것은 그것이 로맨틱한 관심을 표현하는 의도이기 때문에 의미가 있다.

이러한 의도적 말이나 행동의 예들에 의거하여 이끌어 낼 수 있는 결론은, 의미 있는 행동에는 행위자의 **자기 인식**이나 자신에 대한 **투명성**이 어느 정도 내포된다는 것이다. 어떤 의미 있는 활동에 관여하기 위해서는 내가 하고 있는 일을 반드시 어느 정도 파악하고 있어야 하며, 그 일에 대한 나의 해석에는 나에게 어느 정도 투명한 나 자신의 목적이 반영되어야 한다. 심리적 왜곡이나 투영에 사로잡혀 그 목적이 스스로에게 투명하지 않는 사람은 의미 있는 활동에 참여하는 자율적 행위자로서의 지위를 침식당할 위험이 있다는 사실은 바로 이 이유에서 그렇다. 예를 들어 식탁보를 강박적으로 세탁하는 등의 행동에는, 그 당시에는 제대로 접근할 수 없는

1. 궁극적 문제 41

더 깊은 울림이 있을 수도 있다. 그러므로 무엇을 하고 있는지에 대한 그 행위자 자신의 의식적 합리화('집안의 식탁보는 반드시 깨끗해야 한다')는 이미 티 하나 없는 천을 끝없이 다시 세탁하는 것을 정당화하는 데는 뚜렷이 실패하고 있다. (프로이트의 유명한 예를 들면 결혼식날 밤에 겪었던 당혹함에 대한 억압된 기억이라는) 더러워진 식탁보의 참된 의미를 분석에 의해 표면화하였을 때만, 그 대상이 자신의 행동에 대해 스스로 의식하고 그 삶에 대한 통제력을 회복하는 위치에 놓이게 된다.[57] 스스로의 행동을 보는 우리의 시각이 그 행동의 참된 의미와 일치한다고 확신시켜 주는 투명성의 조건을 충족시키기 위해 우리의 모든 행동을 세밀한 정신분석학적 조사에 부쳐야 한다고 제안하려는 의도에서 이러한 종류의 복잡한 사례들을 소개하는 것은 아니다. 그러나 인간의 행동역학이 극도로 복합적인 경우가 많다는 것은 부인할 수 없다. 그리고 행위자가 성취하고자 결심하고 의식적으로 선언한 목표 혹은 의식적으로 추구하고자 결정한 행동의 직접적 작용에서 삶의 의미를 읽을 수 있다는 것을 우리에게 무미건조하게 확신시키는 지극히 단순한 설명에는 무엇인가 잘못된 점이 있다는 것 또한 부인할 수 없다.

한 행위자가 외부적 조정이나 무의식적 투영에 의해 왜곡되지 않은 채 스스로 자각하면서, 자율적 행위자로서 자신의 합리적 선택을 반영하는 체계적 과업에 완전히 종사하고 있다고 가정하자. 이것이 그 삶이 의미 있다고 말하기에 필요한 모든 것인가? 그렇다고 할 수도 있다. 그러나 이 설명에서는, 부패한 정권을 위해 열성

---

57) Sigmund Freud, *Introductory Lectures on Psychoanalysis*(1916-17), Lecture XVII.

적으로 일하는 헌신적 고문기술자의 삶이 의미 있다고 말할 수밖에 없는 문제가 즉각적으로 발생한다. 일반적으로 인정하듯이, 이러한 종류의 사례에서 볼 수 있는 일부 사람들에게는 싫은 일을 감내하는 것이 어렵지만은 않다:

> 나치와 공산당의 수많은 헌신적 대량 학살범들과 (…) 울분·분노·탐욕·야망·이기심, 그리고 우월감이나 열등감이 삶에 의미를 주는 사람들, 그리고 그런 것들로 인해 가혹하고 부당한 해악을 타인에게 가하는 사람들이 비도덕적 삶도 의미가 있을 수 있다는 사실을 보여 주었다. 그러한 사람들은 자신의 과제에 성공적으로 종사하고 그 일에서 대단한 만족을 얻으며, 그들의 삶이 (…) 매우 의미 있다고 생각할 것이다.[58]

그들은 자신들의 삶이 의미 있다고 '볼' 수도 있다. 그러나 그러한 삶이 **진정** 의미 있는 것인가? 울분·분노·탐욕·야망·이기심이 가득한 고문기술자의 삶에 '의미 있다'는 수식어를 붙이는 것이 분명 제대로 된 언어 사용법은 아니다. 그러나 그것이 안이하고 편협한 편견은 아닐까? '나와 나의 동료들'이 그러한 삶이 의미 있다고 말하기를 꺼린다면 그것은 단지 지나친 까다로움일 수 있으며, 그것이 아니라면 시대에 뒤떨어진 종교적 세계관의 비합리적 부작용일 수도 있다. 다시 말해 오직 선한 사람들만이 그 삶에서 참된 의미를 찾을 수 있다는 감상적 소망일 수도 있다. 그렇

---

[58] John Kekes, *Pluralism in Philosophy: Changing the Subject*(Ithaca: Cornell University Press, 2000), p.97.

1. 궁극적 문제 43

다면 근본적으로 비도덕적인 삶이 진정 의미 있는 삶이 되는 것은 가능한가?

의미와 도덕성

'의미 있다'는 용어에는 그 적절한 사용에 대한 기준들이 있음을 앞서 살펴보았다(예들 들어 사소한 과제, 혹은 심리적으로 불안정하거나 자기 인식이 없는 행위자의 과제가 의미 있다고 설명하는 데는 문제가 있다). 이제 우리는 헌신적인 나치 고문기술자의 삶이 진정 의미 있다는 말을 들을 수 있는 자격이 있는지 묻기로 한다. 그리고 이 질문에 대한 유일한 해답은 그 문제를 좀더 상세히 풀어헤쳐 보는 방법이 될 것이다. 만약 이러한 인물이 예를 들어 울분이나 분노 혹은 열등감 등에서 행동한다면, 그들의 과업이 최선의 삶의 방식에 대한 자신의 선택을 아무런 외부의 조정이 없이 반영한 것이라고 말할 때, 그 필수 조건이 되는 자율성과 자아가 그에게는 이미 부족해 보인다. 밤거리로 나오고자 하는 한 매춘부의 '선택'이 아동학대 피해자로서의 고통과 혼란에서 온 것이라면 그녀의 삶은 의미 있다고 할 수 없다. 타인을 해치는 데서 '큰 만족을 얻기' 때문에 나치를 위해 일하는 한 불한당의 삶이, 우리가 그 배경을 조사하였을 때 그러한 만족감이 포악하고 가학적인 아버지의 손에 양육됨으로써 자존감이 손상되었다는 사실에 원인이 있음을 알게 되면 그 의미가 퇴색하기 시작한다. 분명히 이러한 사례들에 나타난 건강치 못한 선택과 행동에는 마치 오염된 토양에 뿌리를 내린 식물의 왜소한 성장이 의미하는 바가 있는 것처럼 일정한 종류의 의미가 있다. 그것은 무엇인가 잘못되어 있음을 지적해 준다. 행위자가 그들의 행동에서 일정한 만족을 얻는다는 이유만을 가지고 그 삶이 평가적 의미에서 의미 있다고 인정한다면 그것은 잘못된 추론일 것이다. 평가적 의미에서 의미 있다는 것은 '의미 있음'이라는 꼬리표와 관련된 전형적 목록에 속하며, 행위자가 자신의 자유롭고 자율적인 선택을 반영하는 과제에 연루되어 있다는 뜻이다.

그러나 그럼에도 불구하고 외부 조종이 전혀 없는 합리적인 행위자의 선택을 반영하면서도 완벽하게 비도덕적인 삶이 있을 수는 없을까? "왜 도덕적이어야만 하는가?"라는 문제에 대한 오랜 철학적 토론에 등장하는 낯익은 인물, 즉 합리적 부도덕주의자가 완벽하게 의미 있는 삶을 향유할 수는 없는 것인가? 만약 우리가 극도로 왜곡된 잔인함과 비인간성을 사례로 든다면, 다시 그 행위자의 심리적 평정에 대한 의문에 봉착할 수도 있다. 그러므로 우리가 생각하는 부도덕주의자는 사악한 괴물이나 어린 시절 처참한 학대의 희생자가 아니라 단지 매우 이기적인, 그가 선택한 과업을 뚜렷하게 추진시키는 그러한 이기심을 가진 사람으로 규정하기로 한다. 그 사람은 퍼시 버클리 같은 인물일 수도 있다. 사이먼 레이븐의 연작물 《망각을 위한 자선》에 나오는 퍼시 버클리는 "20년 동안 자신의 머릿속에 직접적 쾌락이나 안락과 관련 없는 생각은 해본 적이 없는" 인물이다.[59] 보다 견실한 예를 들어 선택한 과업이 행복한 방탕아의 얄팍한 탐닉이 아니라 훨씬 더 인상적인 것으로, 대단히

---

59) Simon Raven, *The Feathers of Death*(London: Anthony Blond, 1959), ch. 1.

창조적인 중요성이 있는 과업에 해당한다고 가정하기로 하자. 이기적으로 가족을 버리고 타히티로 가서 방종하지만 상당히 창조적인 삶을 추구하였던 폴 고갱의 유명한 사례는 이제 천재 화가로 인정받는 인물의 사례이다.[60] 여기에서 천재 예술가의 삶에 의미가 없다면, 어느 누구의 삶이 의미 있는 것인가라는 (비판자들의) 질문이 있을 수 있다.

고도로 창조적인 집단의 업적은 그 행위자 자신이나 보는 사람 모두 당연히 의미 있는 것으로 본다는 것을 부인하기는 어려울 것이다. 예술적 성취가 의미 있다면 스포츠, 기술, 혹은 지적 성취 또한 의미 있는 것으로 보인다. 위대한 운동 선수, 뛰어난 엔지니어, 혹은 천재적인 수학자들은 모두 그들의 과업이나 업적에서 의미를 찾았다고 느낄 수 있으며, 주위 사람들도 그들이 의미 있는 삶을 영위한다고 평한다. 그러나 이들 중 어떤 사람도 첫눈에 그 삶이 도덕적으로 훌륭한 삶으로 보여야 될 필요는 없다. 위대한 천재 예술가가 이기적인 바람둥이일 수 있듯이, 위대한 운동 선수는 흉한(兇漢), 뛰어난 엔지니어는 세금 포탈자, 그리고 재능 있는 수학자는 무정한 구두쇠인 경우도 있다. 그러나 그렇게 판단된다고 해서 그 삶의 의미에 어떤 영향을 주는 것도 분명 아니다. 우리가 고찰중인 세속적 인본주의에서 제공하는 삶의 의미에 대한 다원론적 설명은 이와 같이 불안한 특징을 가진다. 삶에 의미를 부여하는 포괄적 체계나 이론이 없다면 의미 있는 삶이 반드시 따라야 할 규범적 유형이나 모범이 없는 것이며, 따라서 의미 있는 삶은 행위자

---

60) '고갱 문제'에 대해서는 Bernard Williams, *Moral Luck*(Cambridge: Cambridge University Press, 1981) ch. 2 참조.

가 자신의 도덕 상태와는 상관없이 단지 자기 것으로 만든 일정한 과업에 체계적으로 헌신하는 삶이라고 축소되어 버린다.

그러나 이것으로는 충분치가 않다. 삶에 의미를 부여할 계획을 세울 바탕에 한 점 오점이 없는 존재들, 현실과 유리되고 고립되어 있는 존재들을 진공 상태에서 억측하려는 것이 아니다. 우리는 지금 (음식·온기·피난처·생식에 대한) 생물학적 욕구, (협력, 의사 소통의) 사회적 욕구, (상호 인정과 애정 등에 대한) 정서적 욕구, 그리고 마지막으로 똑같이 중요한 '합리적 욕구' 등의 일련의 상호 연결된 욕구들을 가질 수밖에 없는, 매우 특별한 종류의 동물인 **인간**의 삶에 대해 말하고 있는 것이다. 우리는 살아 있는 것들 중 유일하게 그 환경에서 뒤로 한걸음 물러나와 사물이 존재하는 방식에 대해 묻고, 동료의 행동에 이의를 제기하며, 비판과 변명의 대화를 할 수 있다. 상호 작용과 상호 대화의 복잡한 맥락 안에서 우리의 삶을 살아야만 한다는 사실에 비추어 볼 때, 개인적 추구와 활동이 그 도덕적 지위나 타인에 대한 영향력에 상관없는 고립된 상태에서 의미를 갖는다고 보는 구획된 비전에는 불안정한 요소가 있을 수밖에 없다. 타인을 속이거나 해치는 것, 혹은 타인을 자신의 성공을 위한 도구로만 이용하는 것, 동료의 목소리에 대해 마음과 생각을 닫아 버리는 것 등은 우리를 **덜 인간적으로** 만드는 행동 양식들이다. 우리의 합리적 자각과 정서적 감수성을 차단하여 더 이상 상호 대화에 마음을 열지 않는 대가를 치르고서야 이 행동들이 이루어지기 때문이다.

다시 이것은 비인간적 방법으로 의미를 추구하는 것은 자멸의 위험을 감수하는 것임을 말해 주고 있다. 나치 집단수용소의 감시병이 스스로 잔혹 행위의 기계가 되고자 기도한 것이 아니라면, 그는 근무 외적인 시간만이라도 인간적 대화, 정서적 온기, 우정, 가족의 유대 등이 필요할 것이다……. 더 나아가 그러한 인간적 추구를 향한 감수성은 의지적으로 끄고 켜는 것이 아니라 그 감시병의 성품에 영구히 뿌리박혀 있는 기질이기 때문에, 그가 자신의 끔찍한 직업에서 얻는다고 생각되는 만족은 필연적으로 심적 부조화를 야기할 수밖에 없다. 그리고 조만간에 그 심적 부조화는 그로 하여금 고문기술자로서 존속할 능력이나 만족스러운 가정 생활을 영위할 능력이 와해되는 파멸에 이르도록 만들 것이다. 물론 (불행하게도) 잔혹함과 폭력적 협박이 따르는 직업이 일부 사람들에게는 지독히 매력적인 자극을 줄 수 있다는 것도 생각할 수 있고, 그에 대한 논란의 여지는 없다. 요점은 앞의 주어진 이유에서 그 직업은 의미 있는 인간적 삶의 일관성 있는 모범이 될 수 없다는 것이다.

인간성과 개방성

인간으로서 그 삶에서 의미를 찾는 우리의 능력을 발생시키는 요인들은 부분적으로는 우리의 정서적 기질에, 또 부분적으로는 우리의 이성적 자질에 달려 있다. 도덕의 토대로서의 감수성을 옹호하는 데이비드 흄과 합리성의 사도인 이마누엘 칸트 사이에 어떤 인위적 철학 논쟁이 있다고 가정한다 해도 여기에서 그 어느 한 편을 들어야 할 필요는 없다. "인간의 심장을 가진" 사람이 "아무런 다툼이 없던 사람의 통풍 걸린 발가락을 단단한 돌이나 포장도로를 밟듯이 의도적으로 밟을 수 있는가?"라고 흄은 묻는다.[61] 이 말은 동료 인간에 대한 최소한의 배려를 당연히 갖게 해주는 감정의 유형들에서 단절된 채 진실로 만족스러운 인간의 삶을 그리는 것이 가능하지 않음을 보여 준다. "개개의 이성적 존재는 자신의 존재를 단일한 합리성의 토대 위에서 이해한다"고 이성적으로 인정하지 않고서, 내가 존중받을 가치가 있다고 합리적으로 생각할 수 있는가?라고 칸트는 묻는다.[62] 타인에게는 베풀지 않을 특혜를 자신을 위해 제정하는 것은 그 합리성에 결함이 있음을 보여 주는 것이다. 자신의 이기적 목적을 위해 타인을 이용하는 것은 우리 인간성의 특징인 합리적 대화의 작용으로부터 스스로를 단절시키는 것이다. 타인에 대한 자연적 공감을 차단하거나 타인에게는 베풀기 거부하는 개인적 특혜를 고집스럽게 주장하고 있음에도 불구하고 만족스럽고 의미 있는 삶을 영위하고 있다고 주장하는 사람들에 대한 가공의 예를 (혹은 실제적 예를) 들어서 이 유명한 도덕성 옹호에 이의를 제기할 수도 있다. 그러나 그러한 삶에는 항상 일정한 분열과 고립이 있다. 그들은 본질적으로 동료의 감정에 대한 인간적 잠재력, 그리고 타인과의 합리적 대화에 대한 인간적 잠재력을 온전히 용납하는 삶으로 발전해 들어갈 수가 없다.

구획된 삶이 온전히 인간적이지 못하다고 할 때, 인간으로서 참

---

61) David Hume, *An Enquiry Concerning the Principles of Morals*(1751), Section V, part 2.
62) Immanuel Kant, *Groundwork of the Metaphysic of Morals*(*Grundlegung zur Metaphysik der Sitten*, 1785), ch. 2.

으로 의미 있는 삶이란 폐쇄적이기보다는 **개방적인** 사람이 성취할 수 있는 삶의 유형이라고 말할 수 있다. 즉 동료들과의 진정한 정서적 상호 작용과 비판적 대화의 가능성이 그 근본 기질에 의해 차단되지 않는 사람이 성취할 수 있는 것이다. 이것이 의미 있는 삶에서는 도덕적 가치가 항상 다른 모든 가치들의 우위에 선다는 것을 의미하는 것은 아니다. 자신의 시간과 자원을 타인의 요구를 위해 모두 희생시킬 정도로 성스럽다면 누구도 성공적인 예술가·과학자 혹은 운동 선수가 될 수 없을 것이다. 이 말의 의미는 인간에게 있어서 의미 있는 삶은 **통합된** 삶이라는 의미이다. 통합된 삶에서 자신이 좋아하는 과제나 계획은 부모·친구·동료 혹은 시민으로서 해야 할 요구 사항들로부터 영구히 차단된 채 추구할 수 있는 고립된 항목들이 아니다. 나의 삶이 진정 나 자신의 것이 되고, 군집 생활을 하는 곤충이 아니라 인간으로서의 행위자가 되려고 한다면 자신의 우선 순위가 있어야 한다.[63] 그러나 비록 나름의 우선 순위와 목표가 있다 하더라도 그 우선 순위들에 의해 만들어진 벽이 너무 두터워서 그 벽이 자신의 독창적 자존 영역이 되고, 그 안에서 전제 군주처럼 위세를 부린다면 결코 안 될 일이다.

그러면 고갱 타입의 인물은 어떠한가? 돌보지 않은 가족, 버린 애인, 그리고 배반한 친구는 한 천재의 불타는 투쟁에서 상처입은 희생자일 뿐이라고 생각하는 위대한 예술가들은 어떠한가? 물론 위대한 예술가들이 때로 행동이 바르지 않다는 것을 부인하는 것은 순진하고 어리석은 일이다. 톨스토이와 디킨스 모두 한편으로는

---

63) John Cottingham, ⟨The ethics of self-concern⟩, *Ethics* no. 101(July 1991), pp. 798-817.

'가정적'이었지만, 다른 한편으로는 지옥에서 온 남편 정도로 생각될 수도 있다. 의미 있는 삶이 지치지 않는 미덕의 삶이어야만 한다는 뜻은 아니다. 잘못과 실수는 모든 인간의 보편적 특성이며, 평범한 사람들 사이에 그런 실수와 잘못이 있는 것처럼 위대한 사람들에게도 그런 실수와 잘못이 있는 것이다. 사실 위대한 사람들에게 더욱 많이 있을 수도 있다. 남보다 탁월하기 위한 결단에는 부당한 이기심에 가까운 일종의 외곬의 마음이 필요하기 때문이다. 그러나 위대성이 무정함을 요구하고 어떤 식으로든 그것을 정당화한다는 지리멸렬한 낭만적 환상에 굴복하지 않고서도, 우리는 잘못과 실수가 모든 인간의 보편적 특성이라는 분명한 진리를 시인할 수 있다. 그러나 무정한 위대함과는 정반대의 측면을 분명히 보여 주는 많은 증거들이 있다. 위대한 예술은 인간 조건에 대한 파토스·희극·비극·불확실성을 한층 강화된 비전으로 보여 주는 바로 그 인간적 속성 때문에 위대한 것이다. 또한 가장 밀접한 관련이 있는 동료 인간들의 요청에 대한 조악하고 둔한 감수성을 통해 그러한 비전이 가장 잘 계발된다고 주장하는 것은 거의 부조리에 가깝다. 이 구절에 대해 좀더 생각해 보면, 도덕적으로 둔감한 삶과 예술적 창조성의 추구 사이에는 노골적 불일치는 아닐지라도 심각한 긴장이 있음을 알 수 있다. 예술적 탁월함이 그 예술가의 깊은 인간성과는 차단된 한 개의 구획 안에서 작용하는 것은 결코 아니다. 우리가 의미 있는 삶의 중심이 된다고 정의한 개방성은 다른 어디에서와 마찬가지로 예술가의 삶에서도 그 중심이 될 것이다.

  이 말은 미덕이 고립되면 온전히 존재하지 못하며, 어떤 식으로든 통합되거나 상호 연결된다고 말한 아리스토텔레스의 오랜 직관과 일맥상통한다.[64] 또한 이 말은 의미 있는 삶이 되기 위해서는 그 삶이 단절된 개인적 선택의 순수 작용이 되어서는 안 되며, 우리 인간 본성에 맞추어진 어떤 유형적 기준을 충족시키는 삶이어야 한다는 전통 종교 관념들과도 일치한다. 창조성의 옹호자이며 의지의 지배자인 니체의 추종자들에게 그 전통 종교 관념들은 광인의 구속복(拘束服)처럼 제한적이고 한정적으로 보일 수가 있다. 그러나 통합된 삶으로서의 의미 있는 삶에 대한 관념에서는, 모든 인간이 동일한 종류의 실존을 영위해야 한다고 전제하거나 예술적·신체적·지적 융성과 같이 다양한 인간적 융성을 허용할 여유가 없다고 전제하지는 않는다. 통합된 삶의 관념에서 전제하고 있는 것은, 어떤 삶이 의미 있다고 말하기 위해서는 그 행위자가 이 다양한 활동들을 개인적 만족만을 목적으로 수행하는 것 이상이어야 한다는 것이다. 이 다양한 활동들에는 그 전체 가치에 대한 비전이 **있어야 하며**,[65] 각 독특한 개별 인간의 성장과 발전에서 그 활동들이 담당하는 가치 있는 역할에 대한 인식과 그 성장과 발전의 이야기가 필연적으로 함께 섞여 짜지는 다른 사람들의 삶에 대한 인식이 있어야 한다.

여기서의 개념이 경건하리만큼 고결하게 보일 수도 있다. 의미 있는 삶의 시금석으로서의 도덕적 가치들, 심지어 영적 가치들에 호소하고 있는 것으로도 보인다. 이것은 다시 의문을 제기한다.

---

64) Aristotle, *Nicomachean Ethics*(c. 330 BC), Book VI, ch. 13.
65) 의미 있다는 것은 이 통합이 어떻게 이루어졌는가에 대한 명시적 고찰을 항상 요구한다는 주장은 아니며, 다만 그러한 통합된 이야기가 원칙적으로 가능하다는 말이다.

즉 현대 과학의 통설이 맞는다면 전체 인류의 존재가 우주의 표면에 발생한 우연한 점 하나에 지나지 않는다고 할 때, 그런 우주에서 이러한 숭고한 의미와 가치의 개념적 토대는 무엇이 될 수 있는 것인가? 이제 이 문제를 생각하기로 한다.

2
의미를 가로막는 벽

나를 가두고 있는 우주의 무서운 광대함을 본다. 그리고 다른 곳이 아닌 왜 이곳에 내가 놓여졌는지, 앞서 지나간 영원(永遠)과 뒤따라올 영원 중에서 왜 이 짧은 기간이 내가 살아가도록 주어졌는지 알지 못한 채 이 광대한 공허의 한구석에 박혀 있는 나 자신을 발견한다. 한 개의 원자와 같은 나, 회기의 가능성 없이 한순간만 존재하는 그림자와 같은 나를 사방에서 가두고 있는 무한만을 볼 뿐이다. 내가 아는 것은 단지 내가 곧 죽을 수밖에 없다는 사실이지만, 피할 수 없는 이 죽음에 관해서도 나는 전혀 아는 것이 없다.

파스칼, 《팡세》(1660)[1]

공허

인간은 의미에 목마르다. 한 가지 일 다음에 또 한 가지 일, 이렇게 이루어진 것이 삶이라면 참을 수 없다. 우리는 삶에서 어떤 방향감을 원한다. 우리는 우리의 삶이 목적 없는 표류가 되기보다는 이해할 수 있는 여정이 되기를 원한다.[2] 앞장의 말미에서 주장한 내용이 옳다면, 그 여정이 진실로 의미를 갖기 위해서는 그 여정에 그저 우리가 우연히 채택한 낡은 목적이나 과제만이 아니라 진정 가치 있는 목적과 과제들이 반영되어야 한다. 우리는 개인적 만족을 위해 발버둥치는 것으로만 우리의 삶에 의미를 부여할 수 없다. 우리는 인간 융성의 (상호 의존적) 조건을 고려하지 않은 선택을 고집하는 것으로는 가치를 창출할 수 없다. 가치 있는 삶이란 진정한 가치, 즉 인간의 본성에 연결된 가치, 그리고 객관적으로 그 본성의 꽃 피움으로 인도될 수 있는 추구에 연결된 가치를 가진 삶일 것이다. 유신론자에게 있어서 이러한 조건들이 충족되는 여정은 하나님을 향해 가는 개개 영혼의 여정일 것이다. 다른 사람들에게 그 여정은 계몽을 향한 여정, 혹은 우리 본성에서 가장 선한 것과 가장 숭고한 것을 실현하고자 하는 추구의 과정과 같이 다소 덜 형이상학적 측

---

1) "Je vois ces effroyables espaces de l'univers qui m'enferment, et je me trouve attaché à un coin de cette vaste étendue, sans que je sache pourquoi je suis plutôt placé en ce lieu qu'en un autre, ni pourquoi ce peu de temps qui m'est donné à vivre m'est assigné à ce point plutôt qu'à un autre de toute l'éternité qui m'a précédé, et de toute celle qui me suit. Je ne vois que des infinités de toutes parts, qui m'enferment comme un atome, et comme une ombre qu ne dure qu'un instant sans retour. Tout ce que je connais est que je dois bientôt mourir, mais ce que j'ignore le plus est cette mort même que je ne saurais éviter."

Blaise Pascal, *Pensées*(c. 1660), ed. L. Lafuma(Paris: Editions du Seuil, 1962), no. 427.

2) 그러한 명료함은 우리의 삶을 내러티브로 구성하는 능력에 좌우된다고 말하는 것이 유행처럼 되었다. 그러나 모든 내러티브가 의미 있는 이야기를 제공하면서 우리의 헌신을 일으키는 것은 아니기 때문에 내러티브의 힘은 가치와 의미의 개념을 자체적으로 생성하기보다는 이전의 개념에 의존하는 것으로 보인다. John D. Arras, 〈Narrative Ethics〉, in L. and C. Becker(eds), *Encyclopedia of Ethics*(2nd edn, New York: Routledge, 2001) 참조.

면에서 해석될 수도 있다. 그 여정을 특징적으로 설명하는 이 모든 방법들은 객관적 가치들이 존재한다는 전제에 수렴된다.[3] 좀더 거창하게 말하자면 의미 있는 삶은 진·선·미를 최대한 지향하고, 적어도 이 이상들을 향한 노력이 방향을 제시하는 삶일 것이다.

그러나 이 거창한 비전이 절망적인 시대착오는 아닐까? 만약 우주가 진정으로 하나의 도덕 질서라면,[4] 만약 "우리 자신이 아닌 의(義)를 향한 그 어떤 것"이 우리 노력의 토대가 되고, 또한 우리의 노력에 정당성을 부여한다면[5] 그때는 확실히 이 고상한 객관주의적 가치 언어를 사용할 수 있다. 만약 '참됨' '아름다움' '선함' 에 ——파스칼이 지구의 미련한 벌레라고 부른[6]—— 인간의 지엽적

---

3) 오해를 피하기 위해 덧붙이자면, 객관성이 엄격한 경직성을 의미할 필요는 없다고 생각한다. 가치에 대한 객관주의적 설명에서는 여러 가지 문화적·사회적·경제적 상황(예를 들어 다른 성적 도덕관이나 다른 자녀 양육 체계와 같은)이 다른 여러 가지 관습과 제도를 요구한다는 사실이 완벽하게 허용될 수 있다. 이 점에 대해서 P. Bloomfield, *Moral Reality*(New York: Oxford University Press, 2001) 참조.
4) Simon Blackburn: "우주의 질서가 윤리적 질서라고 생각하는 것이 한때 위안이 되었을 수도 있지만 이제 더 이상 그렇지 않다……." *Ruling Passions* (Clarendon: Oxford 1998), p.48 참조.
5) 하나님을 말하는 이스라엘 명사의 유래가 되었으며 (…) 때맞추어 대단히 발전한 시와 전통으로 표현된 종교 의식의 참된 배아는 '의를 향하는 것은 우리 자신이 아니다' 라는 의식이었다.
　　　　　　Matthew Arnold, *Literature and Dogma*(1873), Ch. 1, §5.

비록 이 구절이 확고히 객관주의적으로 보이지만, 사실 아널드는 이 에세이에서 종교적 주장의 형이상학적·이론적 내용에 반대하고 있다. 그 대신 종교적 충동의 단서가 되는 윤리적 행위에 일차적 중요성을 지지한다.
6) 인간은 키메라, 신기한 존재, 괴물, 혼돈, 예술 작품, 비범한 존재, 만물의 판관, 지구의 미련한 벌레, 진리의 저장고, 불확실성과 오류의 하수구, 우주의 자존심이자 폐기물.
　　　　　　Pascal, *Pensées*, ed. Lafuma, no. 131.

이고 일시적인 욕구와 관습을 넘어서는 실재가 없다면, 어떤 삶이 다른 삶보다 더 의미 있다고 구분하는 것은 단지 과장된 환상이 아닐까? 어떤 삶이 평균적인 삶보다 더 성공적이거나 덜 성공적으로 보일 수도 있다는 것은 사실이다. 그러나 우주적 관점에서 단 하나의 운명만이 모든 사람들을 기다리고 있을 때, 누가 패하고 누가 승리하는지, 누가 합격이고 누가 실격인지 가려내는 것은 쉽지 않은 일이다.[7] T. S. 엘리엇[8]은 이를 적나라하게 상기시킨다:

> 오 암흑, 암흑, 암흑. 모두 암흑으로 들어간다.
> 별들 사이 텅 빈 공간, 공허한 사람들이 공허로 들어간다.
> 선장들, 은행가들, 유명 문인들,
> 후한 예술 후원자들, 정치가들과 통치자들,
> 탁월한 공무원들, 위원회 위원장들,
> 대회사 사주들과 소규모 청부업자들, 모두 암흑으로 들어간다.
> 해와 달을 어둡게 하고, 고다 연감,
> 주식거래보, 이사회 성명록을 어둡게 하며,
> 감각을 무디게 하고, 행동 동기를 상실케 한다.
> 우리는 모두 그들과 함께 간다, 침묵의 장례식으로······.[9]

간단히 말해 삶에서 의미를 추구하는 사람을 따라다니며 괴롭히는 망령이 존재한다는 것이다. 거대하고 고요하며, 냉담하고 오싹

---

7) William Shakespeare, *King Lear*(1606) Act V, scene 3.
8) T. S. Eliot(1888-1965): 미국 태생의 영국 시인·비평가·극작가.〔역주〕
9) T. S. Eliot, from 〈East Coker〉(1940), III; in *Four Quartets*(1943).

하도록 중립적인 우주의 망령이 우리의 모든 행위의 배경이 되고 있다. 만약 '스페이스(Space)'라는 적절한 이름의, 그 광대한 빈 공허가 우리의 본향이라면, 무(無)에서 나와 무(無)로 향하는 우리의 여정은 무익하게 보일 위험이 있다. 우리를 낳은 절대적 공허가 결국 우리를 삼켜 버릴 것이므로 아무런 의미가 없다.[10]

어떤 사람들은 대범한 태도를 취하며, 파스칼[11]을 혼란스럽게 만든 그 광대함의 영향을 지나치게 많이 받아서는 안 된다고 주장하기도 한다. 그들은 **크기**가 왜 그렇게 문제가 되어야 하느냐고 묻는다. 목성은 지구보다 대단히 크다. 그러나 태양계에서 가장 중요한 물체는 그 육중한 가스 덩어리가 아니라 우리의 작고 푸른 지구이다. 생명과 지성을 품고 있는 것은 목성이 아니라 지구이다. 우리 태양계는 은하계의 거대한 소용돌이 속의 미세한 회오리일 것이며, 은하계 역시 수십억 은하계 중의 하나인 것이다. 그렇다고 그것이 어쨌다는 것인가? 우리가 헤아릴 수 없을 만큼 광대하게 확장된 시공에서 작은 점 하나에 불과하다고 할지라도, 왜 그것이 우리 삶의 의미를 축소시켜야 하는가?

이러한 허세에는 확신이 없다. 파스칼이 느낀 고뇌는 거대한 우주의 크기에 비교한 우리의 **왜소함**을 두고 흥분하는 것 그 이상이

---

10) 은하는 10^{18}년 후 상당히 소산되어 별의 재생을 끝낼 것이며, 10^{40}년 후에는 원자핵이 남아 있지 않을 것이므로 원자나 분자는 존재하지 않을 것이다……. 우주는 매우 단조로운 장소가 될 것이다……. 만약 시간 여행자가 시간상 그 정도 멀리까지 여행한다면, 그는 해변도, 행성도, 별도, 원자도, 그 어떤 것도 발견하지 못할 것이며, 단지 '기어드는 중얼거림과 골똘한 어둠'만을 발견할 것이다.
　　　　　Stephen Weinberg, ⟨The Future of Science and the Universe⟩,
　　　　　　New York Review of Books, November 15, 2001, pp.62-3.
11) Blaise Pascal(1623-1662): 프랑스의 수학자 · 물리학자 · 철학자. [역주]

다. 더 깊은 실존적 공포는 우리가 광대한 전체와 어떤 **관계**에 있느냐의 문제와 관련된다. 성경의 창조 이야기에서 우리 인간은 확실히 그 중심 역할을 한다. 인간은 하나님의 형상대로 만들어졌으며, 어떤 의미에서 보면 인간을 위해 존재하게 된 이 세상에 놓여지게 된다(하나님이 해와 달을 '하늘의 궁창에 두어 땅에 비취게' 하셨다; 〈창세기〉, 1장 17절). 코페르니쿠스[12] 이후의 시대에 살았던 파스칼이 직면하기 시작하였던 것은 사물이 지금의 모습으로 존재하는 이유가 우리의 존재 때문이 **아니다**라는 명백한 사실이었으며, 그 사실은 그 이후의 우주론을 지배하여 왔다. 진정, 어떤 의미에서 우주는 우리와 아무런 상관이 없다. 우리 모두는 우리 중 누구도 절대 필요한 존재가 아니라는 달갑지 않은 사실과 타협해야 한다. 어느 날 내가 버스에 치여 죽는다 해도 달라질 것은 아무것도 없다. 마찬가지로 이 행성 전체와 이 행성에 살고 있는 '미련한 벌레들'이 파멸한다고 해도 '사방의 무한'은 그것을 마음에 새기지 않을 것이다.

이러한 것은 과거의 시각에 대비되었을 때 그 삭막함이 배가된다. 코페르니쿠스 이전 종교 사상에서는 우리와 우리보다 더 고등한 질서의 관계에 대해 많은 부분을 할애하였다. 그 질서는 의심할 나위없이 우리보다 훨씬 위대하지만, 우리가 적어도 영적으로는 이해할 수 있는 것이었다. 우리가 닿고자 노력할 수 있는 질서이었으며, 그 질서와 조화를 이루려는 우리의 의도가 적어도 원칙적으로는 가능하였다. 이 개념이 단지 유대-기독교적 세계관의 근

---

12) Copernicus(1473-1543): 폴란드의 천문학자, 지동설을 주장하였다. 〔역주〕

간만 되는 것은 아니다. 스토아철학과 같은 다른 많은 고대 철학 체계들의 근간도 되었다. 로마 황제이자 스토아학파 철학자인 마르쿠스 아우렐리우스는 "나는 내가 전체의 일부라는 생각에서, 발생하는 모든 것에 만족해야 할 것이다"라고 선언한다.[13] 그러나 파스칼이 바라본 근대 과학적 우주는 우리의 인간적 관심, 영적 가치, 도덕적 가치, 그리고 우리 삶의 방향 등과는 전혀 관계가 없는, 단지 '거기에 존재하는' 불가사의한 침묵의 우주이다. 그 크기 때문에 두려운 것이 아니라 소외 때문에 두려운 것이다. 우리를 담고 있으나 우리에게 지극히 무관심한 광대한 우주에서 한 개의 점으로 갇힌 채, 우리는 각자 하우스먼의 황량한 시를 흉내낼 뿐이다.

결코 내가 만들지 않은 세상에서
나는 이방인이며 두렵다.[14]

근대주의의 도전

영원의 광대함에 비교하여 우리의 삶이 지극히 무상하더라도, 이것이 자동적으로 의미의 상실로 이어질 필요는 없을 것이다. 이렇듯 거창한 우주적 문제는 무시해 버리고, 평범한 인간적 추구와 목적이라는 측면에서만 의미를 찾고자 노력할 수도 있다(이러한 가

---

13) Marcus Aurelius, *Meditations*(*Ta eis heauton*, c. AD 175), VI 42, trans. M. Staniforth(Harmondsworth, Penguin; 1964).
14) A. E. Houseman, *Last Poems*(1922), XII.

능성에 대해서는 제3장의 첫 부분에서 다시 다루기로 하겠다). 그러나 우주에 비해 미약하고 무상한 인간의 지위 문제에 계속 몰두하고 있는 사람들도 어떤 의미감을 유지하는 것이 가능할 수 있다. 아우렐리우스가 그러한 예가 된다. 다른 모든 스토아학파 철학자들처럼 그는 인간 존재의 덧없음과 죽음의 불가피성을 강조하려고 노력하였다. 그러나 우주의 조화롭고 이성적인 본질에 대한 그의 기본적 믿음은 그로 하여금 의연한 침착함으로 죽을 수밖에 없는 운명을 받아들이게 해주었으며, 그 운명을 긍정적인 힘의 근원으로 되돌려 주었다:

  죽을 수밖에 없는 모든 인생이 얼마나 무상하고 하찮은지 살펴보라. 어제는 한 방울의 정액이요, 내일은 한 줌의 재이다. 그러므로 자연이 명령한 대로 이 지구상의 덧없는 순간들을 보내라. 그리고 올리브 열매가 때가 되면 낳아 준 대지를 축복하고 생명을 준 나무에 감사하면서 떨어지는 것처럼 기꺼이 안식을 취하라.[15]

선물로서 주어진 삶에 대한 아름다운 자각, 그리고 감사와 축복이라는 준(準)종교적 응답은 오늘날 우리들이 회복하기 매우 어려운 것이라고 생각된다. 자신에 대한, 우리와 우주의 관계에 대한 우리의 생각은 더욱 황량하고 가혹하다. 이러한 변화를 고찰해 보면 파스칼 세대를 고뇌하게 만들었던 코페르니쿠스 혁명이 이 변화의 일부 배경이 되었음을 확실히 알 수 있다. 그러나 그것이 전

---

15) Aurelius, *Meditations*, IV 48.

부는 아니다. 논리적으로 말하면, 지구가 그 특별한 지위에서 강등 당하였다고 해서 우주의 조화와 섭리에 대한 믿음이 살아남지 못할 이유는 없다. 기준적 신학 교리는 결국 하나님은 무한의 존재라는 것이다. 따라서 '하나님이 창조에 권능을 쏟으실' 때, 수많은 세상들을 포함하고 있는 무한의 우주를 창조한다고 추측해도 될 법하다. 그리고 무한히 선한 존재는 전체 피조물에 대해 무한한 관심——떨어지는 한 마리 참새에게까지 미치는 관심——을 가지고 있으리라고 생각되므로, 지구가 생명이 살 수 있는 수많은 행성 중 하나에 불과할 수도 있다는 사실이 모든 것을 감싸는 하나님의 섭리에 대한 논리적 장애물이 되지는 않을 것이다.[16]

초기 근대주의 시대에 전통적 일신교를 압박한 것은 코페르니쿠스 이후 광대하게 증대된 우주의 크기가 아니라 새로 대두된 수리과학의 영향을 받은 시각이었으며, 그 시각에서는 물리적 우주를 인간에 대한 관심없이 우주의 필연적 법칙에 복종하는 냉혹한 기계로 보았다. 17세기의 위대한 형이상학자 중의 한 명인 베네딕트 스피노자[17]는 '고정된 불변의 질서'를 보전하는 것이 '하나님이나 자연'의 본질이라고 주장하면서, 인류를 위하여 세상에 개입하는 신에 대한 개념은 전부 버려야 한다고 결론지었다.[18] 스피노자와 거의 동시대인인 고트프리트 라이프니츠는 그 안에 모든 사건들이 '확정되어 있고 미리 정해져 있는' 폐쇄적 인과율 체계가 우주라고

---

16) 코페르니쿠스 이후의 우주에서 지구의 지위에 대한 이와 같은 생각은 데카르트에서 시작한다. 데카르트의 *Conversation with Burman*(1648), ed. J. Cottingham(Oxford; Clarendon, 1976), p.36 참조.

17) Benedict Spinoza(1632-1677): 네덜란드의 철학자. 〔역주〕

18) Benedict Spinoza, *Tractatus Theologico-Politicus*(1670), Ch. 6.

주장한 점에서 스피노자와 같은 견해를 보였다.[19] 그러나 라이프니츠는 더 나아가 모든 사건을 결정하는 '충분한 이유'가 된다는 것은 물리적 단계에서의 필수 불가결한 일련의 원인들, **그리고** 형이상학적 단계에서 섭리적 목적들의 작용을 **모두** 반영하는 것이라고 주장하였다. 이것은 "물리적 자연 왕국과 도덕적 은혜 왕국 사이, 다시 말하자면 우주라는 기계를 건축한 건축가로서의 하나님과 정신적 성도(聖都)의 군주로서의 하나님 사이에 완벽한 조화"가 있다는 말이다.[20] 이러한 전통적 섭리주의와 근대 과학의 비교가 설득력이 있다고 보는 이들이 많았으나, 맹렬한 비판 또한 존재하였다. 그의 풍자 소설 《캉디드》에서 볼테르[21]는 라이프니츠의 낙관주의가 1755년 리스본에서 발생한 끔찍한 지진으로 3만여 명의 남녀노소가 압사당한 사실에 대해 어떤 '충분한 이유'를 찾을 수 있을 것인가를 통렬하게 묻고 있다.[22]

섭리주의자들은 그러한 처참한 사건의 증거들을 냉담하게 떨쳐버릴 수 없었으나, 그렇다고 그들이 그 도전에 응답하는 준비가 전혀 되어 있지 않았던 것도 아니었다. 세상에 고통이 존재한다는 것은 수세기 동안 종교적 묵상의 주요 주제가 되어왔다. 우리가 깊은 결함이 있는 불완전한 세상에 살고, 그곳에서는 모든 생명이 덧없고 연약하다는 것을 그 묵상 주제가 분명히 보여 준다고 해도, 그것이 그 자체로서 섭리적 우주라는 개념에 대한 완벽한 반증이 될

---

19) Gottfried Wilhelm Leibniz, *Theodicy*(1710), I, 52.
20) Leibniz, *Monadology*(1714), §87.
21) Voltaire(1694-1778): 프랑스의 계몽사상가·작가. [역주]
22) Voltaire, *Candide*(1751), Ch. 5.

수는 없었다. 18세기초에 출판된 라이프니츠의 유명한 《신정론》, 즉 '하나님의 옹호'에서 다시 정리된 종교적 변증자를 위한 전통적 변명 두 가지를 언급하자면, 인간이 의도적으로 초래한 죄와 고통인 도덕적 악은 하나님이 세상에 자유로운 행동을 허락한 것에 대한 필연적 결과이며, 물리적 사건이나 질병에 의해 초래된 고통인 자연적 악은 창조된 질서의 불가피한 불완전성에서 나온 필연적 결과라는 것이다(온전히 완벽한 존재는 자신의 완벽함을 감해 가는 방법으로만 자신이 아닌 다른 것을 창조할 수 있기 때문이다).[23] 악의 문제에 대한 오랜 철학적 논쟁에서 이 두 가지 의견과 기타 의견들은 그 가치야 무엇이 되었던지, 아직도 유신론자와 무신론자 사이의 지속적 격전장이 되고 있다. 그러나 종국에 가서는 역동적·종교적 헌신에 대한 그 논쟁들의 영향력은 생각했던 것보다 훨씬 덜 결정적임이 밝혀진다. 거룩한 섭리를 신뢰할 수 있고, 실재에 대한 종교적 해석에 자신의 삶을 맡길 수 있는 사람들은 상대 무신론자들만큼이나 세상에서의 끔찍한 고통을 자각하고 있을 것이다. 그리고 그들은 창조물 안에 일어나는 무서운 불행이 존재함에도 불구하고 창조의 기본적 의미와 가치를 발견하는 방법, 그리고 고통의 이치를 깨닫는 방법이 있다고 믿는다. 이와 대조적으로 종교적 헌신이 불가능한 사람들은 그들이 생명 그 자체의 존재 혹은 우주의 존재가 어떤 궁극적 의미를 가진다고 생각하지 않은 만큼이나, 우리 주위의 파괴와 쇠퇴의 의미를 알아야 될 필요성도 느끼지 못할 것이다. 이것들은 단순히 **거기에** 있는 것이며, 우리는

---

23) Leibniz, *Theodicy*, I, 20-3.

최선을 다해 부정적 측면들에 대처해야만 한다는 것이다.[24] 이 문제들은 잠시 보류하고, 그후의 근대 과학 혁명이 삶의 의미에 대한 전통 종교적 접근 방식에 어떤 영향을 미쳤는지 살펴보기로 하자.

다윈주의의 그림자

역사적 관점에서 보면 근대 과학의 출현은 지금까지 논의된 점만으로도 심각한 파장을 만들기에 충분하였다. 그러나 인간이 그 안에서 의미를 찾을 수 있는 우주, 그리고 조화롭고 섭리적인 질서가 존재하는 전통적 개념의 우주를 흔들어 놓을 정도는 아니었다. 19세기 다윈의 혁명과 더불어 보다 침울하고 귀에 거슬리는 곡조가 시작되었으며, 한 세기 반이 지난 후 우리들은 아직도 그 곡조의 반향을 소화시키는 중이다.[25] 이 어두운 새 곡조에서 가장 크게 울린 반향은 빅토리아 여왕 시대의 위대한 시인 앨프레드 테니슨이 자신의 걸작 《인 메모리엄》(절친한 친구의 비극적 요절의 여파 속에서 씌어진 작품)의 한 연작시에서 묵상한 진화 이론에서 찾을 수 있다.

---

24) 악의 문제에 대해 적절히 선택한 방대한 문헌에 대한 정보는 B. Davies(ed.), *Philosophy of Religion*(Oxford: Oxford University Press, 2000), part V 참조.

25) 《종의 기원 *Origin of Species*》은 '제2의 천년에 출판된 가장 말썽 많은 책'이라고 불렸으며, '철저한 세속화'의 시작이었다. 그 세속화는 일단 동화되면 "인간이 신성의 불꽃을 가지고 있다는 생각의 마지막 자취마저 포기하고 베토벤과 제퍼슨을 특별한 신경세포를 가진 동물로 보도록 만든다." Richard Rorty, *Times Literary Supplement* no. 5044(December 3, 1999), p.11.

그러면 하나님과 자연이 반목하기에
　자연이 그토록 악한 꿈을 주는가?
　자연은 유형에 대해서는 그토록 자상하고
한 생명에 대해서는 그토록 소홀한 듯…….

'유형에 대해서는 그토록 자상하다?' 그러나 아니다.
　깎아지른 절벽과 채석된 바위에서
　자연은 외친다. '1천 개의 유형이 사라졌다.
나는 아무것에도 관심 없다. 모두 사라져야 한다.

'그대는 나에게 호소한다;
　나는 생명을 가져오고, 나는 죽음을 가져온다,
　영은 호흡에 불과한 것이고
나는 더 이상 알지 못한다.' 그러나 하나님은 알아야 한다.

자연의 마지막 작품. 그토록 아름다워 보인 인간,
　그 눈에는 그토록 찬란한 목적이 있다.
　겨울 하늘에 성가를 읊었으며
열매 없는 기도의 신전을 하나님에게 바쳤다.

하나님이 진정 사랑이라고 믿었다.
　피조물의 마지막 율법이 사랑이라고 믿었다.
　붉은 이빨과 발톱의 자연이
먹이를 들고 하나님의 신조에 대고 소리친다.

사랑했던 사람, 수많은 질병에 시달렸던 사람,
　　진리와 정의를 위해 싸웠던 사람,
　　그 누가 사막의 먼지로 날릴 것인가,
　　아니면 철의 언덕 안에 갇힐 것인가?[26]

　자연의 세계에서는 무수한 개개의 인간들, 그리고 무수한 종(種)들이 아무런 궁극적 목적 없이 다만 생존을 위한 끝없는 투쟁이라는 거친 맹목적 사실만을 가지고 생겨나고 소멸해 간다. 우주의 본질에는 진리를 위한 인간의 숭고한 투쟁에 정당성을 부여해 줄 것이 아무것도 없다고 할 때, 시인은 인간이 무정한 우주 표면의 덧없는 점 하나에 지나지 않을까 두려워한다. 사랑이 '피조물의 마지막 율법'이라는 믿음은 이제 성립할 수 없으며, 잃어버린 위안일 뿐이다. 상상 속 자연의 목소리는 자신에게 호소해 보아도 소용이 없다고 말하는 듯하다. 그 자연은 단지 무감각한 물리적 과정이기 때문이다. "나는 생명을 가져오고, 나는 죽음을 가져온다. 나는 더 이상 알지 못한다."[27]

　"그러면 하나님과 자연이 반목하는가?" 철학적으로 이 구절은 과학에 의해 드러난 진화 과정이 종교의 우주관과 심각한 긴장 관계에 있다는 두려움을 표현한 것 같다. 그러나 다윈주의가 종교적

---

26) Alfred Lord Tennyson, *In Memoriam*(1850), 1vi.
27) Charles Darwin의 *Origin of Species*가 *In Memoriam*의 출판 후 9년이 지나서 나왔지만, 테니슨의 시는 수많은 개별 존재와 종들이 멸망하는 실존을 위한 투쟁이라는 개념을 분명히 예견하고 있다. 테니슨은 다윈 직전의 많은 선배 저술들, 즉 Charles Lyell의 *Principles of Geology*(1830-3)와 Robert Chamber의 *Vestige of Creation*(1844) 등에 깊은 관심을 보였다.

전망을 훼손할 우려가 있다는 말에 등 떠밀려 동의하기 전에, 잠시 멈추어 왜 그런 우려가 있는 것인지 정확히 물어볼 가치가 있다. 세상의 점진적 진화라는 개념이 19세기 중반쯤 전혀 예상치 못한 화산 폭발처럼 인류에게 전파된다는 것은 아니다. 우주가 원시적 상태로부터 서서히 발전해 왔다는 것은 한 세기 전에 이미 검토되었던 가능성이다. 예를 들어 1630년대에 데카르트는 그의 경건한 기독교 신앙을 뚜렷이 부식시키지 않고도 그 가능성을 진지하게 받아들였다.[28] 근대주의 출현 이전으로 가면, 예를 들어 교회의 아버지들도 현대의 빅뱅 우주론과 심지어 근대 진화생물학의 복잡한 후속 이야기를 받아들이는 데 큰 어려움이 없었을 것으로 가정할 수 있는 충분한 증거들이 4세기말에 씌어진 아우구스티누스의 주석 《창세기론》에서 발견된다.[29]

이 지점에서 인간의 본성과 기원에 대한 근대의 혁명적 평가를 요약해 보는 것이 도움이 될 것이다. 그럼으로써 근대적 설명 중 정확히 어떤 요소가 종교 언어가 제공하는 의미와 가치의 틀을 그토록 위협하고 있는지 좀더 분명히 알 수 있을 것이다. 다음의 내용은 그 기준적 설명이 어떻게 이루어지고 있는지 대략적으로 보여 준다:

우주는 물질 · 방사(放射) · 시간과 공간을 포함한 존재하는 모든

---

28) Descartes, *Le Monde*(⟨The World⟩ or ⟨The Universe⟩, 1633), Ch. 6.
29) 아우구스티누스의 창조에 대한 은유적 해석에 대해서는 *De Genesi ad Litteram*(393), trans. by J. H. Taylor as *The Literal Meaning of Genesis*(New York: Newman, 1982) 참조.

것이라고 할 수 있다. 우주는 약 140억 년 전 물질-공간-에너지가 농축된 작은 점의 폭발로부터 시작되어 급속히 팽창하였다. 그후 중력 효과에 의해 물질이 수소 덩어리(은하계·별)로 응집되었으며, 수소는 헬륨으로 융합해 들어갔다. 폭발로 인해 보다 무거운 원소들이 생겨났으며, 그 원소들은 행성을 형성하였다. 적어도 한 개의 행성에서 자기 복제 분자가 출현하였다. 이 분자의 자손들은 살아 있는 유기체로 진화하였으며, 그 유기체는 모든 종류의 식물·동물·미생물 등으로 다양화되었다. 이것은 (순전히 임의적 돌연변이와 끊임없는 생존 경쟁을 통해 작용하는 완전히 맹목적 과정인) 자연 선택의 결과이다. 수백만 년 후에 그러한 종(種) 중의 하나가 지능을 갖게 되었다. 인간은 이 **맹목적 세력의 산물이다. 인간의 도덕적 충동은 다른 야만적 충동과 마찬가지로 종의 생존을 위한 압력에 의해 형성되었다. 인간의 본성과 기원에 대한 종교적 설명은 진보된 과학적 설명에 의해 대체되었다.** 신의 창조라는 개념은 원시적이고 의인화된 신화의 잔재이며, 이것은 적절한 과학적 방법이 없던 때에 우리의 기원을 설명하려던 시도였다. 과학은 우리의 본성과 존재가 전적으로 자연적 과정의 결과임을 밝혀 주고, 그 자연적 과정을 우리는 점점 더 많이 이해하며 예측하고 있다. (비록 다른 행성에서도 지능을 가진 존재가 진화하였을 가능성도 있지만) 우리는 비인격적이고 목적 없는 물질적 우주에서 완전히 홀로 존재한다. 언젠가 우리의 태양계는 더 이상 인간이 살 수 없는 곳이 될 것이며, 인간의 생명은 (혹은 인간으로부터 진화한 존재는) 다른 장소로 가서 퍼지지 않는 한 멸종할 것이다. 어떤 경우든지 우주 전체는 엔트로피 법칙에 따라 에너지와 열이 천천히 분산되어 없어지면서 결국 정지할 것이다. **이러한**

우주에 '궁극적' 의미란 전혀 존재하지 않는다. 또한 개인의 삶에도 아무 궁극의 의미가 없다(우주의 의미와 목적, 혹은 인간의 삶의 의미와 목적을 논하는 것은 철학적 혼돈일 뿐이다). 우리는 거짓된 종교적 의미 추구를 버리고 (과학을 적용하여) 고통을 어떻게 잘 완화시키는가에 따라, 그리고 되도록 많은 사람들을 위한 즐겁고 풍성한 활동 기회를 어떻게 최대화시키느냐에 따라 더 나은 삶을 살 수도, 혹은 더 못한 삶을 살 수도 있는 것이다.[30]

이 설명에서 거론된 과학적 발견들에 대하여 제일 먼저 강조해야 할 점은, 그 발견들이 우리에게 너무 익숙한 것들이어서 오히려 빅뱅·팽창·수소·별·행성·생명·지능이라는 전체 물리적 순서를 일관성 있고 조리 있는 설명으로 풀어낸 근대 우주론의 순수 업적을 간과하기 쉽다는 점이다. (논란의 여지가 있는 처음의 특이성을 제외하면) 이 모든 다양한 사건들이 체계적 관찰과 실험으로 검증한 강력하고 풍성한 소수의 보편 원리로 간결하고 미려하게 설명된다. 인간의 과학은 발전을 지속하고 있으므로, 미래의 발견으로 간격이 메워지고 실질적 수정이 이루어질 것이다. 그러나 지금까지의 업적만으로도 놀라우리만큼 인상적이다.

그러나 또한 앞의 요약에서 분명히 부각되어야 할 것은 (진한 글씨로 표시된 문장들이) 상당히 다른 분야와 연계되어 해석되었다는 점이다. 그것은 엄격히 자연과학에 관한 진리와 가정을 훨씬 넘어

---

[30] 비록 이 설명이 주지의 사실을 기반으로 하고는 있지만, 그 표현은 다른 사람들의 서술 내용에 의거한 부분이 많다. 특히 P. van Inwagen, 〈Genesis and Evolution〉, in E. Sump(ed.), *Reasoned Faith*(Ithaca: Cornell University Press, 1993).

서는 해석이다. 특히 종교 사상이 과학의 발전에 의해 **대체되거나 쓸모없는 것**이 되어 버렸다고 보는 시각은, 우리가 그에 동의하거나 혹은 동의하지 않는 것에 상관없이 명백한 자리바꿈이다. 즉 과학 그 자체의 주장에서 한 단계 떨어져 작용하는 주장인 것이다. 이 환치에 동의해야 할 이유가 무엇이란 말인가?

과학, 종교, 그리고 의미

과학이 종교를 대체하였다고 가정할 수 있는 한 가지 이유는 신의 창조라는 종교적 관념을 **원시적 의인화의 신화**, 즉 우리가 역사적으로 어떻게 이곳에 이르게 되었는지를 설명하기 위한 신화로 보는 개념에 있다. 한 거장 목수가 합판으로 땅과 하늘의 모형을 만드는 것처럼 일종의 초인적 장인으로서의 하나님이 땅과 하늘, 그리고 그 안의 모든 것들을 만들었다. 그리고 그 목수가 흥미를 더하고자 모형 안에 작은 입상(立像)을 놓아둔 것처럼 하나님은 그곳에 인간을 놓아두었다. 그러나 최초의 폭발에서 모든 것이 자연적으로 진화하였음을 아는 까닭에 그 우주의 목수가 없어도 된다는 추론이 가능해진다.

일부러 위와 같이 표현한 것은 그런 식으로 신의 창조의 언어를 해석할 때 드러나는 조악함을 분명히 부각시키기 위해서이다. 일부 초기 이교도 신들이 여기서 말한 인간을 닮은 존재들이었을 것이다. 그러나 유대-기독-이슬람 일신교의 하나님은 매우 다른 개념이다. 그 하나님은 모든 것의 근원이며, 무(無)에서 우주 전체를 말씀으로 만들어 낸 근원이다. 전체 물리적 우주를 생성한 무한하고 영원한 창조의 권능이라면 그 권능은 무서우리만큼 거대할 것이며, 인간의 관점에서는 (포스터모더니즘 신학자들이 애호하던 용어를 사용하면) 전적으로 별개의 존재(Other)일 것이다. 그러나 사실, 어떤 유일신교 형식에서든지 그러한 존재는 종교적 담론을 전적으로 이해하기 불가능하게 만들 만큼 별개의 존재(Other)이어서는 안 된다. 이미 13세기에 토마스 아퀴나스[31]는 유일신교가 신의 본질을 적어도 부분적으로나마 이해하게 해주는 유추와 모형을 전개할 수 있어야 한다고 보았으며, 그렇지 않으면 종교적 명제들이 말할 수 있는 것은 아무것도 없을 것이라고 하였다.[32] 여기서 분명한 것은 최소한 신의 창조에 대한 담론이 어떻게 하여 지구라는 행성과 그 거주자들이 여기에 이르게 되었는지에 대한 지금의 과학적 설명에 맞서는 의인화적 대안으로 생각되어서는 안 된다(그렇게 생각될 필요가 없다)는 것이다.

인간의 기원에 이르는 순서를 설명하는 근대 과학의 내용이 대체로 정확하고 합리적이라고 본다면, 그 설명에는 보편적이고 논란의 여지가 없는 측면이 하나 있다. 즉 압도적 힘과 번식력의 자연적 과정상에서 우리가 묘사된다는 것이다. 그 점을 마음에 새기면서 18세기 시인 크리스토퍼 스마트의 황홀한 종교적 표현법을 보기로 하자(이 구절들은 벤저민 브리튼에 의해 그의 칸타타 《그리스도와 함께 있음을 기뻐하라》에서 생생하게 음악으로 표현되었다):

---

31) Thomas Aquinas(1225-1274): 이탈리아의 스콜라 철학자 · 신학자. [역주]
32) Thomas Aquinas, *Summa Theologiae*(1266-73), Ia, 13. 5.

하늘나라의 모든 악기들이 그렇듯이, 하나님의 **나팔**은 축복의 지혜라네. 전능하신 **하나님** 아버지가 엄청난 멜로디의 거대한 하프를 연주하시네……. 하나님의 마음에서, 흉내낼 수 없는 예술가의 손에서, 하늘나라 하프의 메아리에서, 장엄한 감미로움과 힘으로 할렐루야.[33]

우주에 대한 과학적 설명과 스마트의 경외의 찬미 사이에는 어떤 관계가 있는 것인가? 이것은 답하기 쉬운 문제가 아니다. 과학적 설명은 시적 설명을 수반하지 않는다. 그러나 과학적 설명이 시적 설명과 양립할 수 없다는 것도 분명하지 않다(이것이 중요한 요점이다). 그래서 신학자 카를 바르트는 과학의 담론과 종교의 담론은 상이한 개념 구조 안에 있다고 주장하였다. 과학적 담론이 '인간의 세계, 시간의 세계, 그리고 사물의 세계'를 다룬다면, 종교적 담론은 '아버지의 세계, 최초의 창조와 최종적 구원의 세계'를 다룬다고 하였다.[34] 인간과학의 언어와 영성의 언어라는 두 개 영역의 담론이라는 개념은 신약에까지 거슬러 올라가는 오랜 개념이다.[35] 만약 바르트가 말한 '상이한 개념 구조'가 접촉점이 전혀 없이 해석

---

33) Christopher Smart, *Jubilate Agno*(c. 1765); set by Benjamin Britten as *Rejoice in the Lamb*, op. 30(1943). Smart가 자신의 생애 동안 주기적으로 "그의 친구들이 정신이상이라고 본 경계 지점에서 비틀거렸다"는 사실이 (Oudsby(ed.), *The Cambridge Guide to Literature in English*(Cambridge: Cambridge University Press, 1988), p.882) 그의 저술의 주문적이고 예언적인 힘을 감해서는 안 될 일이다.

34) Karl Barth, *The Epistle to the Romans*(*Der R merbrief*, 1919), trans. E. C. Hoskyns(Oxford University Press, 1933), p.29. 과학적 언어와 종교적 언어가 '두 개의 분리된 권위 영역'을 나타낸다고 보는 견해에 대한 보다 최근의 내용은 Stephen Jay Gould, *Rocks of Ages: Science and Religion in the Fullness of Life*(New York: Ballantine, 1999) 참조.

학적으로 단단히 분리된 두 개 언어를 의미한다면, 그것은 이 두 개 영역이라는 개념을 지나치게 강하게 표현한 것이다. 스마트가 표현하는 놀라운 현상들이 과학이 탐구하는 우주의 작용과 전혀 관련이 없다면, 우주의 경이로움에 대한 그의 찬양은 의미를 상실한다. 그러므로 이 두 가지 방법의 담론이 단일한 기본 실재의 다른 측면들에 관한 것이라고 가정하는 것이 타당하다.

스마트의 언어와 같은 종교적 언어는(적어도 부분적으로는) 과학이 밝혀낸 바대로의 광대하고 경이롭도록 복잡한 물리적 우주의 구조가 갖는 **의미를 해석하는** 하나의 방법으로 생각된다. 물리적 수량이나 기계적 상호 작용의 측면에서 표현된 의미가 아니라 그 우주의 힘, 아름다움, 리듬, 그리고 조화에 대한 묵상으로 표현된 의미를 해석하는 방법인 것이다. 이 방법은 과학의 언어가 점유한 범위와 비교하여 종교적 언어가 점유한 범위가 갖는 매우 중요한 사실을 드러내 준다. "이것이 발생한 경위는 이러하다"라고 과학이 말하면, 종교가 그 **대안적** 시나리오를 제공하는 식은 아니다(이러한 이유에서 다윈주의에 대한 대항책으로서 소위 '창조 이론'을 미국 내 학교에서 가르치게 만들려는 근본주의자들의 시도에는 과학과 종교의 관계에 대한 근본적인 오해가 있다고 생각된다).[36] 오히려 과학자들이 어떻게 사물이 생겨났는지를 설명하면(이 설명이 인정받

---

35) 〈고린도전서〉 2장 13절 참조: "우리가 이것을 말하거니와 사람의 지혜의 가르친 말로 아니하고 오직 성령의 가르치신 것으로 하니 신령한 일은 신령한 것으로 분별하느니라."

36) 이러한 노력에 대한 보다 최근의 영향력 있는 문헌들의 개관을 보려면 F. Crews, 〈Saving Us from Darwin〉 *New York Review of Books*, October 4 and 18, 2001 참조.

고 안 받는 것은 증거를 들어 검증한 무모순성·일관성·포괄성·예측성 등과 같은 신뢰 기준에 전적으로 달려 있다), 그런 다음에 그렇게 확립된 사건과 과정들이 **신성한 창조자**의 권능과 목적들을 나타내고 있다고 합리적으로 해석할 수 있는가를 묻는 별개의(지금까지 해결되지 않은) 문제가 남는 것이다. 매우 조악한 비유를 하자면, 종이 한 면에 주어진 잉크 자국들에 대한 완벽한 물리화학적 분석은 그 자국들이(예를 들어 하나의 스케치로서, 아니면 한 편의 시로서) 어떻게 해석되어야 할 것인지에 대한 의미론적 의문을 열어놓는다고 볼 수 있다. 후자의 해석은 과학적 분석에 대한 **대항책**이 아닌 것이다.

진화와 '맹목의' 세력들

지금까지 논의한 내용은 우주의 진화와 존재가 신의 창조 행위의 표현이라고 보는 종교적 해석에 대해 찬성하는 입장이 아니었다. 마찬가지로 지금까지 언급된 과학적 진리들도 그러한 종교적 해석에 대해 결정적으로 불리한 것은 아닌 것 같다. 사실 에피쿠로스[37] 이후로 많은 과학사상가들과 진화옹호자들이 무신론자들이었지만,[38] 데카르트 이후 현재까지는 유신론자들도 많이 있었다.[39] 그리고 불가지론의 입장을 취한 사람들도 있었는데, 그들은 진화론에

---

37) Epicurus(BC342?-BC270?): 고대 그리스의 철학자. 〔역주〕
38) 현대의 가장 유명한 예는 **Richard Dawkins**, *The Blind Watchmaker*(London: Longman, 1986), Ch. 1.

서 발견한 것들이 유신론적 헌신을 불가능하게 만들지는 않는다고 주장하였다.[40]

그럼에도 불구하고 (선배들의 모호하고 도식적인 점진주의에 반대한) 다윈의 자연 선택 이론의 뚜렷한 공헌은 유신론자에게 압력이 되는 특별한 이의를 제기한 것으로 보인다. 다윈주의 접근법의 중심에는 순전히 비본질적인 일련의 자연 세력들, 즉 본질적으로 맹목적인 자연 세력들에 인간의 기원이 기인한다는 명제가 있다고 흔히들 알고 있다. 다윈의 자연 선택에서 중요 요점은 그것이 어떤 의미에서든 전혀 선택이 아니라는 것이다. 다윈주의 관점에서 볼 때 자연적 진화 작용에는 선택이나 의도가 전혀 없으며, 종(種)이나 특성을 골라내는 일도 없고, 말 그대로 편애도 없다. 단지 자원 경쟁에서 일부 존재들이 다른 존재들보다 더 뛰어날 수밖에 없는 전적으로 비인격적 과정이 있을 뿐이다. 그 결과 일정한 특성들이 다음 세대로 전해지며, 그런 특성들의 전수가 없다면 그 세대는 소멸되어 버릴 것이다.

그러나 엄격한 논리로 (시동인의) 순수 기계 체계가 (목적인의) 의도적 체계와의 공존을 방해할 것은 아무것도 없다. 우리가 앞서 보았듯이, 철학자 라이프니츠는 물리적 메커니즘의 영역과 '조화 속에' 존재하는 영적 목적의 영역을 상상하였다.[41] 라이프니츠가 더

---

39) Arthur Peacocke, 〈Welcoming the 'Disguised Friend': Darwin and Divinity〉, in M. Ruse(ed.), *Philosophy of Biology*(New York: Promethues, 1998) 참조.

40) M. Ruse, *Can a Darwinian be a Christian?*(Cambridge: Cambridge University Press, 2001), 그리고 S. J. Gould, *Rocks of Ages* 참조.

41) Leibniz, *Monadology*, §79. 앞의 '근대주의의 도전' 참조.

나아갔으면, 메커니즘과 목적이 하나의 동일 체계에 존재함을 예를 들어 증명할 수도 있었을 것이다. 그것은 우리의 두뇌에 대해 우리 대부분이 믿고 있는 사실이다. 우리의 두뇌는 어떤 의미에서 맹목적 기계 체계이지만, 동시에 그 두뇌에서 산출되는 것은 의식적 행위자의 의도적인 계획과 행위들을 구성한다. 그러한 모형을 우주 전체의 생명 진화에 이입한 다음, 순수 맹목적 기계 과정이 분자 유기체에 이르고 돌연변이와 자연 선택에 의해 지속적으로 발전한다는 것이 물리-생물학적 우주의 정확한 설명이 되고, 동시에 유신론자에게는 의식 있는 창조주의 의지를 실증하는 것으로 이해하여도 아무런 모순은 없는 것 같다. 이 모형은 스피노자의 비정통 해법에 근접하고 있다. 스피노자에게 ('확장의 속성'에 의해 생겨난) 순수 물리적, 기계적 우주는 ('사고의 속성' 아래서) 창조주가 의도한 의미 있고 목적 있는 일련의 개념들과 정확히 상응하며, 따라서 우리는 '두 가지 방법으로 표현된 단일한 동일 사물'을 다루고 있는 것이다.[42]

왜 물리적 우주를 신적 본성의 발현이라고 **가정해야만 하는지** 설명해 줄 이유나 증거를 우리는 아직 가지고 있지 않다. 단지 지금 단계에서의 요지는, 순수 물리적 과정으로서의 진화 메커니즘이 갖는 맹목적이고 비인격적 본질 때문에 (흔히 가정하는 것처럼) 그 메커니즘의 의미를 종교적으로 설명하는 가능성이 논리적으로 배제될 수 없다는 것이다.

자연과학이 다루지 않는 사건들에 대한 내용으로 결론적 요지를

---

[42] Spinoza, *Ethics*(*Ethica ordine geometrico demonstrata*, c. 1665), part II, scholium to proposition 7.

말하고자 한다. 생명과 지능의 기원에 대한 진화론적 설명에서 '우연'이나 '부산물'과 같은 용어를 사용하는 것은 매우 쉬운 일이다. 그렇지만 엄밀히 말하자면 오해의 여지는 많다. 정확히 (자기 증식 분자, 인과(人科)의 대뇌피질 등을 포함한) 모든 복잡한 현상들이 전적으로 자연적 과정에서 발생한다는 것이 근대 과학의 대명제가 된다고 할 때, 태양의 수소가스에서 헬륨이 생성되고 은하가 평원형이나 구형의 성단을 이루는 경향이 우연이나 부산물이 아닌 것처럼 이 현상들도 우연이나 부산물로 간주되어서는 안 된다. 과학의 논평자나 보급자들은 인류 기원의 완전한 우연성을 즐겨 강조한다. 즉 어느 특정한 별 주위를 공전하는 어느 특정한 행성에 우리가 존재하며, 그 행성의 조건은 우연히도 생명에 적합하다는 식이다. 그러나 어떤 물리적 현상이 그 발생에 적합한 조건이 존재하는 것을 조건으로 하는 한에 있어서만 그 우연이라는 것이 옳을 수 있다. 우리가 우주의 변종인가, 아니면 진품인가는 아직 말하기 이르다. 그러나 생명과 지능이 우주 전체에 광범위하게 분포하는가 혹은 아닌가에 상관없이 분명한 사실 한 가지는, 자연과학의 원리 그 자체에 따르면 우주가 생명을 애호하고 지능을 애호하는 것이 분명하다는 것이다. 즉 우주는 그 본질상 생명과 지능을 생산하기에 적합하다.[43] 물리학과 화학의 표준적 메커니즘을 통해 정확히 설명되고 있는 우리 인간의 존재가 그 사실을 확인해 준다.

---

43) 'biophilic(생명애호의)'이라는 용어는 (유신론적 의미는 전혀 없이) 천문학자 Martin Rees가 그의 저서 *Our Cosmic Habitat*(London: Weidenfeld & Nicolson, 2002)에서 사용하였다.

진화론적 메커니즘의 '저열함'

비록 과학의 영역을 넘어서기는 하지만, 근대 다윈주의가 유신론을 훼손할 수도 있다고 생각하는 마지막 근거를 말하고자 한다. 생존 경쟁의 메커니즘이 지나치게 엄격하고 냉혹하기 때문에 자비로운 창조적 권능의 발현이라고 볼 수가 없다는 생각을 테니슨은 '붉은 이빨과 발톱'을 가진 자연의 **잔혹성**이라는 이미지로 잘 요약하였다. 생존 경쟁의 메커니즘에는 너무 많은 낭비,[44] 너무 많은 투쟁, 너무 많은 고통, (자연 선택의 공포를 생각할 때 환멸을 느꼈다는 어느 유신론자의 표현처럼) 너무 많은 '우적우적 아삭아삭'이 연루되어 있다. 이런 종류의 주장은 이 글의 첫 부분에 소개된 거친 개념, 즉 유신론이 다윈주의에 의해 대체되었다는 개념으로부터 훨씬 복합적인 윤리적 · 신학적 토론으로 우리를 인도한다.

우리가 자연계를 보는 방법은 실재에 대한 우리의 기본적 전망에 상당히 많이 좌우된다. "믿는 자에게는 세상 전체가 하나님을 말해 주고 있다. 거대한 산맥, 거친 파도가 치는 대양, 초록의 숲, 푸른 하늘과 눈부신 햇살, 친구와 가족, 다양한 형태의 사랑이 하나님에 관해 말해 준다"고 어느 현대 유신론 옹호자는 말한다.[45] 그러나 예를 들어 19세기의 위대한 무신론자인 쇼펜하우어[46]와 같은

---

[44] 우주의 형성자가 자신이 진정 아끼는 한 개의 존재에 손길이 미치기 전에, 그래서 지구의 척추동물 중 한 작은 소수가 죄를 씻고 그와 함께하는 영원한 자리를 꼭 보장받도록 하기 전에, 10^{24}개의 별빛을 꺼버리고 130억 년을 낭비해 버릴 까닭이 무엇인가에 대해 우리는 반드시 생각해 보아야 한다.
　　　　　　　　　　　　Crews, 〈Saving us from Darwin〉, part I, p.27.

사람들은 전혀 다른 그림을 본다:

> 전체 현상의 투쟁이 무익하고 헛되다는 것은 쉽게 관찰할 수 있는 동물들의 단순한 삶에서 더 잘 파악할 수 있다……. (영구한 궁극의 목표) 대신 우리는 순간적 만족, 욕구가 조건이 되는 덧없는 쾌락, 길고 많은 고통, 끝없는 고투, **전원 반목(bellum omnium)**, 모두가 사냥꾼이며 모두가 사냥물, 쾌락, 욕구, 필요와 근심, 비명과 울부짖음만을 보며, 이것은 이 행성의 지표면이 파괴될 때까지 **이 끝없는 세상(saecula saeculorum)**에서 지속된다.[47]

비록 일부 사람들이 쇼펜하우어의 가차없는 염세주의가 과장되었다고 생각할지라도 동물들이, 혹은 그 동물 중 대부분이 자원 확보 투쟁에서 서로에게 이빨과 발톱을 들이댄다는 것은 부인할 수 없다. 진정 삶의 많은 부분이 위험하고 쓰라린 투쟁이며, 다른 동물들처럼 인간도 실수하면 장단기적으로 개개인이나 전체 종(種)의 번성에 심각한 저해를 초래하는 그런 적대적 환경에 대항하여 나아가야 한다. 앞서 인용한 시에서 테니슨이 표현한 것처럼, 자연은 "유형에 대해서는 그토록 자상하면서 한 생명에 대해서는 그토록

---

45) A. Plantinga, 〈Religious Belief as Properly Basic〉, in B. Davies(ed.), *Philosophy of Religion*(Oxford: Oxford University Press, 2000). Extracted from Plantinga's 〈Reason and Belief in God〉 in A. Plantinga and N. Wolterstorff(eds.), *Faith and Rationality*(Notre Dame, IN: University of Notre Dame Press, 1983).

46) Arthur Schopenhauer(1788-1860): 독일의 철학자. 〔역주〕

47) *The World and Will and Representation*(*Die Welt als Wille und Vorstellung*, 1818), Book Ⅱ, Ch. 28; trans. E. F. J. Payne(New York; Dover, 1966), ii, 354. Cf. B. Magee, *Schopenhauer*(Oxford: Clarendon, 1983), Ch. 7.

소홀해" 보인다. 절망스럽게도 테니슨은 더 나아가 **그것**조차도 진실이 아니라고 덧붙인다. 고고학적 증거들이 수백 수천의 절멸종을 밝혀 주고 있다는 점에서 자연은 유형도 소중히 여기지 않는다는 것이다. 모든 것이 가차없는 진화의 분쇄기에서 갈려지는 곡식들이다. 어느것도 안전하지 않다. 이 점을 마주할 때, 우리는 어떻게 "피조물의 마지막 율법이 사랑(이다)"라고 말할 수 있을 것인가?

동물 왕국의 폭력성, 그리고 그 폭력성이 사랑의 창조주에 대한 믿음에 부과하는 문제에 관하여 생각해 볼 때 그 연관된 포악성을 과장하는 경향이 있다고도 할 수 있으며, 또한 사자가 영양을 찢거나 고양이가 참새를 잡아 삼키는 것을 보고 '잔인하다'거나 '흉포하다'고 하는 것과 같이 부적절한 인간적 카테고리를 전개한 경향이 있다고 볼 수도 있다. 많은 육식동물들이 '이빨과 발톱이 붉다'는 것은 분명하다. 그러나 그들의 행동은 단순히 생존이 달린 고유의 본성을 따른 것이다. 더 나아가 상대적으로 역사가 짧은 생태학에서는, 생물계가 상당히 복잡한 상호 의존의 체계라고 가르쳐 준다. 식물과 평화스럽게 풀을 뜯는 초식동물들만 존재한다면 더 나은 세계가 될 것이라는 생각은 근시안적일 수 있다. 야생동물 보호지역의 자상한 관리자가 호랑이들을 모두 제거해 버리기 위해 최선을 다한다는 것은 절대 있을 수 없는 일이다.

다량의 동물 고통은 번성하는 생태계의 피할 수 없는 구성 요소이며, 따라서 적어도 선하고 자비로운 창조주가 그 고통을 묵인한다고 생각해 볼 수 있다는 것이 생태학의 날카로운 비판이다. 그러나 인간의 삶을 생각하면, (적어도 많은 사람들의 직관에 의하면) 상황은 달라진다. 생태학적 안정이나 다양성과 같은 바람직한 결과를 위한 수단이 된다는 근거에서 그 백성들에게 광범위한 고통을 가한다면, 우리는 그 통치자를 존경하지 않을 것이다. '인간에 대한 존중'이라는 근본 도덕 원리에서는 이렇듯 목적을 위한 수단으로써만——생태학적 분쇄기의 곡식알로써만——동료 인간들을 이용하는 것을 결코 묵인할 수 없다.[48] 그래서 그 반대자들은 묻는다: 자비롭고 지극히 도덕적이라는 창조주가 어찌하여 자신의 형상대로 창조한 자의식 있고 합리적인 존재들이 세세로 자연 선택이라는 야만적 경쟁 환경, '압력·욕구·필요·불안'의 다윈주의 세계에서 살아가는 것을 허용할 수 있단 말인가?

그러나 다윈주의적 투쟁이 하나님을 세상의 창조자로 보는 생각에 대해 특별히 예리한 새 이의를 제기한다고 생각한다면, 그것은 창조된 우주를 보는 전통적 유신론의 시각에 대해 어떤 오해를 하고 있다는 사실을 보여 준다고 생각된다. 표준적인 유대-기독교적 설명에서는 우주는 선하며, 모든 피조물은 신성의 흔적을 지니고 있다고 분명히 주장한다. 또한 그 주류에서는 우리의 세상이 타락한 세상이고, 사도 바울의 말처럼 전체 피조물이 '탄식하며 고통한다'고 주장한다.[49] 인간에 대한 종교적 관점은 우리가 불완전한 상태에서 완전한 상태로 옮아가고 있는 순례자이자 방랑자라는 것이다. 완전한 상태는 지금 우리가 닿을 수 없음에도 불구하고 닿고자 열망하는 상태를 말하며, 그 상태의 윤곽은 단지 희미하게 이

---

48) 인간에 대한 존중 원리에 대해서는 Immanuel Kant, *Groundwork of the Metaphysic of Morals*(*Grundlegung zur Metaphysik der Sitten*, 1785), Ch. 2 참조.
49) "피조물이 다 이제까지 함께 탄식하며 함께 고통하는 것을 우리가 아나니."〈로마서〉, 8장 22절〉

해될 뿐이다. "여기는 영구한 도성이 없고, 오직 장차 올 것을 찾는다."50) 지금의 우리 상태와 우리가 원하는 상태 사이의 격차를 깊이 인식하는 데서——우리의 갈망인 '무한'을 지향하는 우리의 '유한성' 깊은 곳에 존재하는 그 무엇을 깊이 인식하는 데서——종교적 충동 전부가 생긴다고 주장해도 지나치지 않을 것이다.51) 우리의 본성 안에 있는 근본적인 긴장이나 동경이라고 할 수 있는 그 격차가 꼭 유신론의 언어로 표현되어야 할 필요는 없다. 그러나 유신론적 시각에서 볼 때, 하나님이 자신이 아닌 다른 존재들을 창조하는 행위에서 불완전한 존재들을 창조하여야만 한다면, 하나님이 그러한 존재들을 위해 선택한 환경이 스트레스와 투쟁의 환경일 것이라는 사실, 다시 말해 적어도 그 피조물 중 일부는 안락과 안일에 빠지지 않고 그들의 추구하는 바를 향해 앞으로 나아가게 하는 환경일 것이라는 사실이 이해하기 어렵지만은 않다.

물질과 과잉 고통

스트레스가 유익할 수도 있지만, 도덕적 성장과 영적 성장을 촉진하기 위해서라고 설명하기에는 세상 고통의 분량이 지나치게 과다해 보이며, 이 점은 유신론자에게 분명 문제가 된다. 어째서 전능하고 자비롭다는 하나님이 그 초과된 고통의 분량을 제거하

---

50) "우리가 여기는 영구한 도성이 없고, 오직 장차 올 것을 찾나니."(《히브리서》, 13장 14절)

51) A. W. Moore, *Points of View*(Oxford: Clarendon, 1997), p.278.

지 않는 것일까? 약간의 스트레스는 있어도 지진·해일·말라리아 모기·탄저병·천연두·다발성 경화증이 없는 세상은 왜 안 되는 것인가? 그 해답의 일부는 (라이프니츠가 논의했던) **형이상학적 악** 이라는 오랜 관념에 있다. 창조된 세상이라는 개념에는 특정한 악이나 결함의 문제 이전에 라이프니츠가 말한 '원래의 결함'이 있다.[52] 완전한 존재가 자신이 아닌 다른 완벽한 존재를 창조하는 것은 (완벽한 존재가 바로 하나님과 동일하기 때문에) 논리적으로 불가능하다는 이유에서이다. 그러므로 하나님이 무엇인가를 창조해야 한다면, 하나님은 반드시 자신보다는 덜 완벽한 것을 창조해야만 한다. 아우구스티누스 이래 오랜 전통에서 생각하는 것처럼 창조는 필연적으로 완벽한 신성의 정수에서 감하거나 축소하는 방법으로 운용될 수밖에 없다.

지금까지 우리는 고통에 대한 설명에는 그리 근접하지 못하였다. 하나님은 자신보다 단지 **약간** 덜 완전함에도 영원한 생명과 완전한 기쁨을 가진 축복받은 피조물을 창조할 수 있다고 생각되었다. 많은 종교 전통에 따르면 하나님은 실제로 그러한 존재, 즉 천사들

---

52) "피조물에게는 죄 이전에 원래의 결함이 있다. 피조물은 그 정수(精髓)가 제한적이기 때문이다." Leibniz, *Theodicy*(*Essais de théodicée*, 1710), §20.

타락 이전에 모든 피조물에게 고유한 원래의 결함 혹은 제약이 있었다……. 이것은 아우구스티누스와 기타 사상가들이 악의 근원이 무(無)에 있다고 주장할 때 그들의 의견이 귀착되는 지점이다.
　　　　　Discourse on Metaphysics(*Discours de métaphysique*, 1686), §29.

비록 (아우구스티누스에 대한 언급에서 분명히 알 수 있는 것처럼) 그 개념은 훨씬 앞선 악의 문제에 대한 토론으로 거슬러 올라가지만 '형이상학적 악'이라는 용어는 라이프니츠에서 기인한 것으로 보인다. J. Hick, *Evil and the God of Love* (London: Macmillan, 1966; 2nd edn 1977), p.13 참조.

을 창조하였다. 왜 거기서 중단하지 않은 것일까? 이에 대한 답은 '충만의 원리'라고 부르는 개념이며, 그것은 하나님의 지치지 않는 창조의 권능이 창조에 '쏟아부어진다'는 개념이다.[53] 하나님의 창조 권능은 다함이 없다. 하나님은 빛과 기쁨과 영원의 세상을 넘어 더 못한 세상을 창조하기까지 계속하여 나아간다. 이 창조의 고리를 따라 내려간 어느 지점에서 하나님은 우리가 살고 있는 유한한 시간과 공간의 세계인 물질 세계를 창조하였다.

물질 세계란 무엇인가? '물리주의(physicalism)' 혹은 '물질주의(materialism)'라는 용어를 자주 사용하는 철학자들도 물질이 실제적으로 무엇과 관련되는지에 관해서는 그리 성공적인 고찰을 하지 못한다. 데카르트는 물질이 수동적이고, 자동력이 없으며, 영향을 받는 것으로 생각하였다. 로크[54]는 물질을 매우 단단한 체더 치즈 덩어리와 같이 견고하고 무감각한 것으로 보았다.[55] 지금 우리는 물질에 대해서 그들보다는 더 잘 알고 있다. 현대 과학이 밝힌 물질 세계는 에너지의 끊임없는 파동과 교류가 있는 세계이다. 끝없는 변형과 쇠퇴의 과정 속에서 힘과 형태가 전환하고 흔들리는 상

---

53) 하나님이 그의 창조의 권능을 쏟아부으시어 무한한 종류의 피조물을 창조하지 않았다는 것을 우리가 어떻게 알 것인가?
Descartes, *Conversation with Burman*, p.36.

Cf. Spinoza, *Ethics*, part I, Appendix and pp.70ff. 이것은 플라톤에까지 거슬러 올라가는 오랜 개념이다(*Timaeus*(c. 360BC) 29 E. 그리고 Plontinus Enneads(10, 260) v, 2, i and v, 4, i 참조). C. J. Hick, *Evil and the God of Love*, p.21.

54) John Locke(1632-1704): 영국의 대표적 철학자. [역주]

55) René Descartes, *Principles of Philosophy*(*Principia philosophiae*, 1644), part ii, art. 4. John Locke, *An Essay Concerning Human Understanding*(1689), Book II, Ch. 4.

호 작용의 세계이다. 거시적 단계에서, 대체적으로 물질 세계는 헬륨으로 융합해 들어가는 수소가스의 타오르는 용광로들로 구성된다. 그 용광로들은 연료가 고갈되고 팽창하여 소멸할 때까지 핵폭발과 중력 수축 사이에서 미묘한 힘의 균형을 이루고 있다. 행성을 구성하는 무거운 원소들은 바위나 산맥 같은 형태로 서로 응집하여 그 크기와 연대로 인간을 감동시키지만, (우주적으로는 말할 것도 없이) 지질학적으로 말하자면 이들은 거대한 변화의 흐름 속에서 일시적으로 상대적인 안정을 보이는 작은 섬들에 불과하다. 이 모든 우주적 과정에서 좀더 연약한 생물학적 부산물인 세균·식물·동물도 궁극적으로는 전체 우주의 특징인 에너지의 파동적 상호 작용을 에너지원으로 이용하며, 끝없는 변화와 소멸의 지배를 동일하게 받는다.

다시 말해 **비영구성·불안정성·쇠퇴**가 물질의 고유한 특성이며, 모든 것은 물질로 이루어져 있다. 그리고 중요한 것은 **우리 인간도 이 물질로 이루어져 있다**는 것이다. 고대의 성서 신화에서는 하나님이 '흙'으로 인간을 만들었다고 한다.[56] 근대 과학도 같은 생각에 수렴한다: 살아 있는 생물들은 스스로의 '생명' 원리에 따라 작용하는 특별한 **독자적**(sui generis) 존재가 아니며, 자연계의 다른 모든 것과 동일한 화학적·물리적·미시물리학적 구조로 구성되어 있다. 인간이 복잡 미묘하다고는 하나, 그래도 물질적 우주를 구성하는 한 부분이다.

이제 우리는 인간 조건의 본질적 연약함, 즉 우리가 어쩔 수 없

---

56) 〈창세기〉, 2장 7절.

이 그 지배를 받는 고통에 대해 좀더 사려 깊게 통찰하는 일에 한 걸음 더 가까워졌다. 물질적 행성에 거주하고, 그 자신이 물질로 이루어져 있으며, '흙'으로 형성된 피조물이라면 그 무엇이라도 필연적으로 **죽을 수밖에 없다**. 태양이나 별, 그리고 우주의 다른 모든 것들처럼 그 생존 기간은 유한할 것이며, 더 중요한 것은 불확실할 것이고, 파동 에너지의 미묘한 균형에 좌우될 것이며, 변화와 쇠퇴의 지배를 받고, 불안정과 붕괴의 잠재적 희생물이 될 것이다.

전능하고 온전한 자비의 존재라면 이것을 고치기 위해 무엇인가 해야 되는 것 아닌가? '흙'의 주장, 즉 우리의 연약함이 본질적으로 연약하고 불안정한 물질 요소로 만들어졌기 때문이라는 주장에 대해 우리는 "하나님이 더 좋은 흙을 사용했어야 했다"고 불쑥 내뱉고자 하는 충동이 생길 수 있으나, 이 불평을 결정적인 것으로 받아들이기 전에 좀더 따져 볼 필요는 있다. 전지전능한 존재가 쇠퇴와 소멸의 지배를 **받지 않는** 존재를 만들 힘이 있다는 것은 분명해 보인다. 이미 지적하였듯이 천사계(天使界)에 대한 전통적 종교 관념에서는 그가 실제로 그러한 존재를 만들었다는 것을 암시한다. 그러나 그 전능자가 헬륨으로 융합되지 않아서 결과적으로 연료를 고갈시키지 않는 수소가스의 별을 만들 수 있을까? 우리는 "당연하지요, 그는 원자물리학의 법칙을 바꿀 수 있을 겁니다"라고 말하는 그럴듯한 관념적 대답을 경계해야 한다. 중력의 압박 아래서 헬륨으로 융합되지 않는 수소는 수소가 아닐 것이다.

좀더 일반적으로 말하자면, 우리는 (우리의 우주처럼) 태양 에너지가 그 동력이지만 별들이 쇠퇴하지 않고 어떤 핵융합도 일어나지 않는 우주를 창조하는 것이 논리적으로 가능한지를 안락의자에

편히 앉아서 결정할 수 없다. 과학이 발견한 특성들 중 일부는 불변하고, 다른 일부는 변화하는 그런 세계를 우리가 상상하고 있는 것인지도 모른다. 그렇다고 그러한 세계가 일관된 가능성을 가진다는 말은 절대 아니다. 수소가 헬륨으로 융합된다는 사실은 물질 속성들이 상호 연결되어 있는 광대한 거미줄 조직과 논리적으로 연결되어 있다. 우리는 거미줄 전체를 훼손시키지 않고 한 가지 속성만을 분리해 낼 수 없다. 이 문제를 라이프니츠의 용어로 풀이하자면, 그 속성들은 일정한 조합만이 **가능하다**. 즉 그 일정한 조합들만이 동일한 우주에서 존재하는 것이 논리적으로 가능하다.[57] 하나님이 전능할 수도 있다. 그러나 그의 전능함이 둥근 사각형과 같이 모순된 속성들의 조합을 만드는 데까지 이르지는 않는다.[58]

인간이 겪고 있는 참혹한 고통은 때로 인간의 자유 행동의 결과일 때가 있으며, 또한 일부는 도덕적으로 개선되고 있기도 하다. 그러나 많은 고통이 이 두 가지 범주 바깥에 있다. 사랑하는 것은 인간으로서 우리의 본성이다. 하지만 우리는 우리가 사랑하는 사람을 죽음에게 빼앗긴다. 건강과 장수를 바라는 것은 인간인 우리

---

57) Leibniz, 〈*A Résumé of Metaphysics*〉('Ratio est in natura……,' c. 1697), in G. H. R. Parkinson(ed.), Leibniz, *Philosophical Writings*(London: Dent, 1973), p.145.

58) 하나님의 전능함에 대한 기준적 견해는, 하나님이 (무조건 모든 것이 아니라) 논리적으로 가능한 모든 것을 할 수 있다는 것이다; cf. 토마스 아퀴나스: "모순을 내포하는 것은 하나님의 전능함 내에 속하지 않는다."(*Summa theologiae*, 1266-73, Ia, xxv, 4) 그러나 일부 철학자들은 논리와 수학의 '영원한 진리' 도 하나님의 의지에 직접적으로 좌우된다고 주장하였다; cf. 1630년 4월 15일과 5월 27일에 데카르트가 메르센에게 보내는 편지, in Cottingham *et al*.(eds), *The philosophical Writings of Descartes*(Cambridge: Cambridge University Press, 1985), Vol. III, pp.23, 25.

의 본성이다. 그러나 우리와 우리가 사랑하는 사람들은 질병의 희생자가 된다. 안전하게 살 장소를 바라는 것은 우리의 본성이다. 그러나 우리가 살고 있는 행성의 표면은 종종 거칠고 불안정하다. 그리고 이외에도 많은 예가 있다. 그러나 육신이 물려받은 이 모든 고난은 우리가 물질 세계에 사는 물질적 존재라는 사실과 어쩔 수 없이 연결되어 있다. (비록 실제로 그런 소원을 하는 사람이 별로 없을지라도) 우리는 물질 세계가 전혀 존재하지 않았기를 바랄 수도 있다. 그러나 하나님이 변화·쇠퇴·고통의 지배를 받지 않는 물질 세계를 창조하였기를 바란다는 것은 모순이다.

신정론[59]에 대한 토론에서 고발자로 종종 등장하였던 다윈이 이제 변호인측 증인 일정에 나타나고 있다는 것은 역설이 아닐 수 없다. 우주의 계획자가 우리의 이익을 위해 특별히 마련한 **독자적**(sui generis) 과정이 인간의 삶이라고 생각하는 한, 생물계에서 발견되는 질병과 고통을 하나님이 그의 피조물을 위해 조직한 제도에 대한 고발이라고 주장하는 것도 가능할 것이다. 그러나 인간의 삶이 끊임없이 변하는 진화 과정의 흐름과 관련 있고 또한 그 흐름의 일부라고 생각한다면, 그리고 그 진화 과정 자체가 빅뱅으로부터 전개되는 에너지 교류의 우주적 흐름의 부산물이라고 생각한다면, 우리 인간의 죽을 수밖에 없는 운명과 연약함은 물리적 우주 전체에 본래부터 존재하는 그러한 특성들을 명백히 증명하고 있는 것으로 생각할 수 있다. 불교의 오랜 격언에서는 고통이 존재의 한 표시, 즉 세상에 생겨나는 모든 것들의 근본적인 특성 중의 하나라고 한

---

59) 神正論: 악의 존재를 신의 섭리로 봄. 〔역주〕

다. 좀더 강하게 표현하면, 우리의 세계와는 다른 어떤 세계에서라도 존재의 가능성 그 자체는 죽을 수밖에 없는 운명, 혹은 그와 매우 유사한 운명에 달려 있다. 즉 존재는 에너지가 한 형태에서 다른 형태로 변화하는 것에 달려 있다. 존재는 변화와 쇠퇴를 겪는 것과 비영구성에 달려 있다. 그리고 (피조물 중 의식이 있는 무리에게) 존재는 변화와 쇠퇴를 겪는 것과 분리할 수 없는 고통에 달려 있다.

이러한 개념이 제기하는 신정론의 복잡한 논점들을 여기에서 다루기에는 지면상 곤란하다.[60] 이 글에서 주장하는 요점은 단지 근대 다윈주의가 밝힌 역동적이고 긴장된 우주가 그 우주의 의미에 대한 유신론적 해석에 압도적 반대의 입장을 취할 필요는 없다는 것이다. 무시무시한 진화론적 투쟁에 대한 테니슨의 역겨움은 지극히 당연하다. 그리고 그의 역겨움은 정적이고 스트레스 없는 물질 세계를 소망하는 것에 일관된 가능성이 있는 것인지, 그리고 우리가 사실상 살고 있는 변화와 비영속성의 도가니를 창조된 물질 세계라는 개념 그 자체에서 논리적으로 분리할 수 없는 것은 아닌지에 대해 깊이 생각하도록 촉구한다.

---

60) 예를 들어 왜 전능하고 자비로운 하나님이 물질 세계의 불가피한 과잉 고통을 방지하기 위해 기적적으로 개입하지 않는 것인가의 문제가 있다. (불안정하고, 쇠퇴하며, 일시적인) 물질 세계의 창조에는 자유 행위자의 창조와 관련된 통제력의 상실과 유사한 어떤 통제력 상실이 필연적으로 관련되어 있다는 것이 한 가지 가능한 대답일 것이다. 또 다른 대답을 보면, 하나님이 하나님 자신과 그 피조물 사이에 일정한 '인식 거리'를 유지하기 위해 개입하지 않기로 하였다는 것이다(cf. J. Hick, 〈An Irenean Theodicy〉, in E. Stump and M. J. Murray(eds), *Philosophy of Religion: The Big Questions*(Oxford: Blackwell, 1999). 첫째 대답은 하나님의 전능함에서의 하락, 둘째 대답은 하나님의 자비심에서의 하락과 관련된 것으로 보일 수 있다.

우주의 성격

본성대로 사는 것(secundum naturam vivere)은 스토아학파의 성취 비결이다.[61] 이것은 본질적으로 종교적이고, 유대-기독교 전통의 많은 저자들과 공유하는 생각이다. 전통 종교적 측면에서 우리의 삶이 의미 있을 수 있다고 보는 것은, 그 삶을 우주의 참된 본질에 맞출 수 있는 것으로 보는 것과 같다.

그러나 그 본질이 무엇인가? 많은 신학 저술가들은 신적 실재가 현상 세계를 완전히 초월하는 궁극적 실재라고 주장하여 왔다. 신적 실재는 과학이 연구하는 관찰 가능한 우주를 전적으로 벗어나는 것이다. 만약 상황이 그렇다면 우리가 어떻게 그러한 실재와 조화롭게 살 수 있을지, 그리고 우리의 지식의 범위를 완전히 벗어나는 그 실재와 어떻게 관계를 맺어야 할지 알기 어렵다. 이에 대한 답으로 어떤 신학자들은 하나님의 초월성에 대한 개념, 그리고 하나님이 우주에 거하는 편재성의 개념 사이에서 통합과 타협을 찾는 좀더 가망성 있는 노선을 취하였다.[62] 이같은 관점에서는 비록 영원한 실재인 하나님이 시간과 공간 바깥에 있지만, 그럼에도 불구하고 하나님은 식별할 수 있는 방식으로 창조된 세상에 현존

---

61) (스토아학파의 창시자 Zeno of Citium(c. 333-262BC)의 모토인 그리스어 *kata physin zen*을 라틴어로 번역한) 이 슬로건은 키케로가 자신의 *On the Ends of Good and Evil*(*De Finibus*, 44BC), Book IV, §26에서 스토아철학을 체계적으로 평가하면서 인용하였다. A. A. Long and D. N. Sedley, *The Hellenistic Philosophers* (Cambridge: Cambridge University Press, 1987), 63A. 63K 참조.

62) Cf. J. Macquarrie, *Principles of Christian Theology*(London: SCM Press, 1966; 2nd edn 1977).

한다고 본다. "오, 하나님 만질 수 없고 볼 수 없으나/창조된 모든 것에는 하나님의 흔적이 있네."

편재성 대 초월성이라는 난해한 신학을 풀이할 능력을 꼭 갖추어야만 위에서 인용한 오래된 찬송가 구절에서 어떤 직관적 감동을 얻어낼 수 있는 것은 아니다. 만약 우주 뒤에 무한의 실재가 있다면, 데카르트가 말했듯이 우리의 유한한 마음이 제대로 파악할 수 (라틴어로 comprehendre) 없다는 의미에서, 그 실재는 유한의 존재에게는 이해될 수 없는 것이어야 할 것이다. 그러나 그럼에도 그 실재의 현존은 인식될 수 있을 것이다. 그것은 마치 비록 우리가 가까이 가더라도 그 산을 '파악' 할 수 없고 품에 안을 수는 없으나, 멀리서 산의 존재를 볼 수 있는 것과 같다.[63] 세상에 대해 종교적 전망을 갖는다는 것이 무엇인가에 대한 표준적인 개념에서, 가장 두드러진 것은 정확히 자연에서 하나님의 현존을 식별한다는 개념이다.

깊이깊이 스며 있는 그 어떤 것에 대한
장엄한 인식,
그의 거하는 곳은 지는 햇빛
둥근 대양과 살아 있는 대기
푸른 하늘, 그리고 인간의 마음.[64]

---

63) Letter to Mersenne of 27 May 1630; in *The Philosophical Writing of Descartes*, p.25.
64) William Wordsworth, 〈Lines composed a few miles above Tintern Abbey〉, in *Lyrical Ballads*(1798), I. 88.

그러나 이 그림이 근대 과학의 출현을 이겨낼 수 있을까? 역사 사상가들은 과학 혁명이 자연 세계에 대한 '환상을 깼다'고 말한다. 중세의 세계관에서는 신비한 세력·힘·영향력이 주입되어 있는 세계가 허용되었을 수도 있으나, 근대 물리학에 의해 밝혀진 우주는 '표백된' 우주이다. 그 어떤 영적 특성도 없는 상호 작용하는 입자들의 배열이며, 수학적 등식이라는 정확하고 냉정하며 중립적인 언어로 완벽히 표현될 수 있다.[65] 천둥번개 치고 태양이 하늘을 주유하게 만들기 위해서, 그리고 대양을 성나게 하거나 가라앉히기 위해서라면 이교도의 신들은 더 이상 필요하지 않다. 심지어 기계 전체를 슬쩍 건드려서 작동하게 만드는 슈퍼 하나님도 필요하지 않다.[66] 크고 작은 영적 선도자들에게서 해방된 물리적 과학은 전적으로 자율적이다. 드디어 인간의 과학적 탐구는 우주의 신비를 깨는 일에서, 그리고 환상을 떨어낸 우주의 본질을 받아들이는 일에서 그 성숙 단계에 이르렀다.

이 반복되는 내용은 익히 알고 있는 것이지만, 그 내용에는 오해의 여지가 있고 분명한 오류가 있다. 확실한 것은 과학이 자연의 작용에 대한 물활론적 모델을 제거하고, 그것을 양적·구조적 기술로 대체하였다는 것이다. 이것이 바로 17세기 데카르트가 포고하고, 뉴턴과 그의 현대 추종자들이 수행한 수학화와 기계론화라는 원대한 계획이다. 그것이 자연 세계의 '환상을 깨는 것'이라고 한다면 그 계획은 성공적으로 달성되었다. 그러나 세상에서 생명

---

65) '표백된(bleached out)' 현대의 우주에 대해서는 Bernard Williams, *Descartes: The Project of Pure Inquiry*(Harmondsworth: Penguin, 1978), Ch. 10 참조.
66) Pascal, *Pensées*, no. 1001.

력과 아름다움을 훔쳐가고 활기 없는 기계적 돌무더기만 우리에게 남겨 준 이 개념은 명백히 잘못된 결론이라고 생각된다. 우주가 포함하고 있는 것들 중에 왜 우리가 바위와 돌을 특별히 부각시켜야 하는 것일까? 워즈워스가 '살아 있는 대기'라고 부른 생명이 충만한 지구의 대기를 부각시키는 것은 어떤가? 무엇보다 생물계의 가장 뛰어난 서식자인 인류가 현대 과학의 표백된 우주와 어떻게 조화를 이루는가를 부각하면 어떨까?

이 환상 깨기는 관찰자인 인간을 자연에서 분리시킨 이상한 이원론의 영향을 받은 것 같다. 마치 우리가 지금 논의중인 현상의 일부가 아니기라도 한 듯하다. 그러나 우리가 우주의 한 부분임이 확실한 이상, 우리의 본질은 그 우주의 본질에 대한 질문과 적어도 어떤 관련이 있는 것이 분명하다. 그리고 인간이 존재한다는 사실에서 얻은 증거는 우주가 진리를 열망하고 아름다움에 대한 감수성이 풍부한 존재, 그리고 상호간의 애정과 사랑에서 만족을 찾는 존재를 생산한다는 것이다. 이것은 우리의 우주에 대해 매우 주목할 만한 사실이다. 물론 이 사실이 우리의 우주가 전체적으로 윤리적 질서이다, 혹은 우리 우주의 궁극적 근원이 진·선·미의 특성을 가진다 등을 그 자체로 입증하지는 않는다. 그리고 마찬가지로 이 사실은 우리의 우주가 본래적으로 죽은 것이고 가치가 없다는 그럴듯한 꼬리표를 붙이는 것이 거짓이라고 비난하지도 않는다.

하나의 사고 실험으로서 시간의 스케일을 압축하기로 하자. 빅뱅에서 지적 생물이 진화해 온 현시점까지의 광대한 시간 대신 빅뱅이 **즉시** 수백만의 개별 의식 중추들을 낳았다고 상상해 보자. 각 중추는 이성이 불어넣어졌으며, 진리와 아름다움·사랑을 동경한다. 텅 빈 공간과 돌무더기에 관한 삭막한 이야기가 아닌 **이 이야기**가 우주의 참된 본질을 명시해 준다고 하면 왜 안 되는가? 우주는 엄청난 복잡성・아름다움・풍성함의 장소이며, 그것을 부인하기는 어렵다. 근대 과학이 밝힌 어떤 사실도 이에 대해 불리하게 작용하지는 않는다. 일반적으로 인정하듯이, 이 사실들에서 우주 뒤의 창조자라고 생각되는 존재의 본질을 추론할 위치에 우리가 있는 것도 아니다. 18세기의 위대한 회의론자 데이비드 흄이 정확히 지적하였듯이 우주의 궁극적 원인 혹은 원리에 대해 이러한 결론을 이끌어 낼 수 있게 해주는 우주에 대한 필수적 경험이 우리에게는 없다.[67] 그러나 여기서의 문제가 하나님의 존재에 대한 인과율적 결론을 세우는 것은 아니다. 현재의 문제는 식별할 수 있는 우주의 성격이라는 것과, 그 성격이 적어도 유신론적 해석과 양립할 수 있는가에 대한 문제이다. 인간의 경험에는 전통적으로 신적 현존의 표시라고 여긴 특질들이 분명히 포함되어 있다. 자연의 세계는 그 장대함으로, 그 조화로, 그 아름다움으로, 그리고(워즈워스의 표현대로) '인간의 마음'이라는 자연의 특정 부분에서 찾을 수 있는 온정과 공감으로 우리를 고취시키는 힘이 있다. 또한 경쟁적 광포함과 진화 과정에서 두드러진 비경제성 등과 같은 반대 방향의 특질들도 있다. 그러므로 유신론이든 무신론이든 아무런 선입견 없이 단순하게 우리 주위를 돌아본다면 우리가 살고 있는 우주의 본질을 평가하는 시점에서, 이 관찰된 특질들이 어떤 교착 상태에 이르게 됨을 알 수 있다. 우주의 본질적 선함을 믿는 낙관

---

67) David Hume, *Dialogues Concerning Natural Religion*(c. 1755; 사후 출판, 1779), part II.

적 견해에서 해명할 것이 있을 것이며, (쇼펜하우어같이) 우주의 본래적 악함을 주장하는 심히 비관적인 견해도 마찬가지로 해명할 것이 있을 것이다. 또한 이러한 교착 상태가 있다는 사실 자체는(무신론자나 불가지론자를 위해 어떤 여지를 남기는 것처럼) 유신론자들을 위해서도 문을 열어 놓아야 한다. 근대 과학에 의해 밝혀진 우주, 그리고 우리의 일상적 경험에 반영된 우주가 그 의미에 대한 종교적 해석을 **본래적으로 거부한다**고 주장하는 것은 어떤 경우에도 있을 수 없는 일이기 때문이다.[68]

적어도 실재에 대한 종교적 해석이 가능하다면 우리의 우연한 욕구들에 대한 지엽적 충족을 잊게 하고, 우리가 어떤 식으로든 스스로의 가치를 창조할 수 있다는 환상을 잊게 한다는 강한 의미에서, 우리의 삶이 의미를 가질 수 있는 길을 열어 줄 것이다.[69] 그 가능성은 우리 인간의 운명을 영구적인 도덕의 틀 안에 자리잡게 해줄 성취 모델을 제공할 것이다. 우리의 삶은 우주적 우연이나 맹목적 세력의 부산물이 아니라 어떤 목적, 즉 본래적으로 선한 창조 질서에 우리 자신을 맞춘다는 목적을 가진 것으로 생각될 것이다.

---

68) 비교: W. Rowe(ed.), *God and the Problem of Evil*(Oxford: Blackwell, 2001), part III.
69) 다음의 내용을 비교하시오.
우리의 비극은 각본이 없다는 것이다. 아니 우리 스스로가 **각본을 써야만 한다는 것이다**. 우리가 물려받은 가치관 중에 무엇을 유지하고(여성의 예속과 같이) 무엇을 버릴 것인지를 우리는 스스로 결정할 수 있다. **또한 우리가 창안할 수 있는 새로운 가치들도 있다**. 우주에는 인간에 대한 목적을 제시하는 것이 없음을 인식하더라도, 우리가 목적을 발견하는 한 가지 방법은 우주의 미래와 우리의 미래에 대한 동화 이야기로 스스로를 위안하지 않고 과학의 방법으로 우주를 연구하는 것이다.
　　　　　　Stephen Weinberg, 〈The Future of Science and the Universe〉
　　　　　　　　　(강조된 구절은 Cottingham에 의한 것이다.)

우리의 가장 깊은 응답은 우리에게 그러한 목적을 지시해 주는 응답이며, 우리의 가장 깊은 성취는 그 목표를 실현하는 것에서 얻어지는 성취라고 생각될 것이다.

물론 가능성만으로는 충분하지 않다. 어떤 것이 참이 **될 수 있다**고 해서, 그것이 **실제로** 참인 것은 아니다(De posse ad esse non valet consequentia)라고 논리의 오랜 격률은 말한다. 과학적 발견과 일상 경험 중 그 어떤 것도 가치와 의미의 궁극적 근원을 가정하는 것을 모순으로 만들지는 못한다. 그러나 단지 그러한 궁극적 근원에 대한 가능성만으로는 마치 그 근원이 실제로 존재하는 것처럼 행동하는 것을 합리화하지는 못한다. 한걸음 더 나아가면 이론화에서 실천으로 이행하는 방법, 즉 무엇이 참인지에 대한 이론적 성찰에서 그 진리에 대한 희망을 가지고 살아가야 할 이유로 이행하는 일정한 방법이 우리에게는 필요하다.

3
의미, 연약함, 그리고 희망

선원들의 이야기에는 단도직입적인 단순함이 있다. 그들 이야기의 전체 의미는 단 몇 마디의 말에 담겨진다. 그러나 말로는 (이야기하기 좋아하는 성향을 제외하면) 그들과는 다르다. 말로에게 한 에피소드의 의미는 씨앗처럼 안에 들어 있는 것이 아니라 바깥에서 이야기를 감싸고 있다. 달빛이 분광되어 빛날 때 보이는 아련한 달무리와 비슷하게, 작열하는 빛이 아지랑이를 피우듯이 그의 이야기는 의미를 피워올린다.

조셉 콘래드, 《암흑의 한가운데》(1902)[1]

도덕성과 성취

제1장의 끝부분에서 주장된 바에 따르면, 의미 있는 삶에는 우리가 인간으로서 융성할 수 있도록 만들어 주는 가치 있는 활동이나

---

[1] Joseph Conrad, *Heart of Darkness*(1902), Ch. 1.

계획이 반드시 수반되어야 한다고 하였다. 인간의 융성은 인간의 감성 역량과 이성 역량의 발전을 필요로 한다: 인간의 융성은 동료 인간들과의 공감적 정서 작용과 열린 이성적 대화를 가능하게 하는 능력의 배양을 필요로 하는 것이다. 이 고결한 이상은 다시 우리의 도덕적 노력과 우리가 살고 있는 우주의 본질 사이의 관계에 대한 문제로 우리를 인도한다. 즉 궁극적 실재가 의미와 선을 위한 우리의 노력을 지지하리라는 희망에 대해, 근대 과학적 우주관이 어떤 여지를 남겨 줄 수 있는가의 문제이다. 제2장에서 내린 결론은, 우리가 아는 바대로의 세상의 본질**로부터** 의미와 선의 최종적 기본 원리를 만족스럽게 추론할 수 없지만, 그럼에도 불구하고 우리가 아는 바대로의 세상의 성격이 그 기본 본질이 의미 있고 선하다는 해석을 **배제한다**고는 말할 수 없다는 것이었다.

그러나 이 우주적·종교적 질문은 해야 할 필요가 있는 것인가? 하나님이 존재한다고 가정할 때 그 하나님은 인간의 공감 능력, 그리고 이성적 대화 능력을 발전시킬 가치 있는 계획들의 타당성에 진정 무엇인가 기여할 것인가? 하나님의 존재가 도덕성을 입증하거나 그 도덕성에 확실한 기반을 제공한다고 생각하는 경우가 많다. 그러나 사실 (많은 유신론과 무신론의 철학자들이 주장한 것처럼) 우리의 도덕적 통찰력은 홀로 설 수 있어야만 한다. 우리의 도덕적 통찰력이 제값을 다하는 것이라면, 최고의 존재가 명한 것이냐 아니냐에 상관없이 우리의 인정을 받을 수 있는 것이어야 한다는 것이다. 만약 이웃을 돌보는 것이 선한 것이라면 우리는 그 선함을 **볼 수 있어야만** 한다. 인간의 본성이 그러한 공감과 배려의 행동을 통해 꽃피고 융성하는 것을 볼 수 있어야 하며, 다른 사람들이 대접받기 원하는 대로 그들을 대접하는 것의 가치를 볼 수 있어야 한다. 그러므로 만약 우리에게 이러한 방법으로 행동하기를 명하는 하나님이 있다면, 그 하나님은 그 행동을 선하게 만드는 특성들 때문에 그렇게 명하는 것이 틀림없다. 따라서 하나님의 명령은 원래 그 행동의 선을 생성하는 것이 아니며, 다만 우리가 이미 그 행동에서 인식할 수 있는 선을 확증해 줄 뿐이다. 그렇다고 이 말이 정확히 도덕적 선이 하나님과 관계없다는 말은 아니다. 유신론자에게 하나님과 전혀 관계없는 것은 존재하지 않는다. 이 말은 심지어 유신론자에게도 사물을 선하게 만드는 **이유들**이 있어야만 한다는 말이며, 또한 그 이유들이 하나님이 명하였다는 사실로만 요약될 수는 없다는 말이다.[2]

  무신론자뿐만 아니라 정통 유신론자에게도 결론은 도덕적 평가가 결국 일정한 자율성을 가진다는 것이다. 우리 행동의 가치와 진가는 우리 인간의 능력으로 토론하고 평가할 수 있는 것이며, 신의 명령에 의해 임의적으로 정해진 것으로 축소될 수 없는 것이다. 그렇다면 왜 의미에 대한 문제에 종교를 끌어들이는가? 제1장에서 제시된 의미 있는 삶은 개인이 (자기 기만이나 다른 심리적 왜곡 없이) 자율적 행위자로서의 자신의 합리적 선택을 반영하는 참으로 가치 있는 활동에 종사하는 삶이었다. 우주의 궁극적 본질이 신성하거나 혹은 신성하지 않거나에 상관없이, 이 모든 요소들은 삶에 의미를 부여하기에 충분하지는 않은가?

---

  2) (플라톤의 대화 *Euthyphro*에까지 거슬러 올라가는) 종교와 도덕성에 관계에 대한 문제에 대해서는 E. Stump and J. Murray(eds), *Philosophy of Religion: The Big Questions*(Oxford: Blackwell, 1999), Part Six 참조.

그 점은 분명하지 않다. 방금 언급된 모든 요소들은 의미 있는 삶이 되기에 **필요한** 것일 수도 있다. 그러나 그외 다른 것들도 요구된다. 어떤 계획이나 활동이 우리의 삶에 의미를 주기 위해서는, 그것이 우리의 참된 선택을 반영한다고 느껴야 될 뿐 아니라 적어도 최소한의 성공 가망성을 가지고 있다고 느껴야 될 필요가 있다. 그리고 반대로 주어진 계획이 무익하며 실패할 운명임을 알게 될 때 우리는 의미 있다는 평가를 수정하는 경향이 있다. 백만장자 건축가인 데이비드에 대해 생각해 보기로 하자. 그는 의료 시설이 몹시 필요한 지역에 병원을 건립하는 것을 일생의 과업으로 삼고 있다. 그는 그 계획을 완수하기 위해 많은 고난을 이겨내고 있다. 그가 관심을 가졌을 법한 여러 다른 보람 있는 활동들을 소홀히 하는 것은 말할 것도 없이 파산지경에 이를 정도로 오직 한결같은 마음으로 그 목표를 추구하였다. 그러나 병원 개원 예정일에 운석이 떨어지면서 그 병원의 연료 저장 탱크를 날려 버렸다. 병원 전체가 화염에 휩싸였으며, 많은 사상자를 내고 무너져 내렸다. 이제 데이비드는 그의 모든 노력이 아무 의미가 없다고——비극적이고 무익한 에너지와 자원의 낭비였다고——통렬하게 선언한다.

사람들은 "우리는 당신이 기울인 노력에 감복합니다" "결과보다는 과정이 중요한 것이지요" 등의 말로 그를 위로하려고 한다. 그러나——도덕적으로 가치 있는 미덕을 참되게 추구하는 계획을 포함하여——모든 계획에 대한 가치 평가는 적어도 부분적으로는 성공을 지향하는 것이 엄연한 사실이다. 우리는 그 계획이 올바른 정신에서 수행되는 것만을 바라는 것이 아니라 무엇인가 **성취하기**를 요구한다. 모세는 약속의 땅에 결코 들어갈 수 없었으나 적어도 자신의 백성들을 노예 생활에서 해방시키는 데 성공하였다. 그리고 죽기 바로 전에 산꼭대기에 올라가 눈앞에 '서해까지' 펼쳐진 땅을 바라보았다.[3] 그는 자신의 삶은 의미가 있었다고 느꼈을 것이다. 결국 낭비는 아니었으니까. 그러나 만약 그가 백성들을 인도하여 나와 그들이 사막에서 죽은 후 잊혀지게 하였다면, 그의 죽는 순간은 상당히 달랐을 것이 분명하다. 무의미하고 헛되다는 생각으로 괴로워했을 것이다.

헛됨과 연약함

우리의 의미 추구에 빠지지 않고 나타나 괴롭히는 것은 실패와 무익의 가능성에 대한 인식이며, 이 인식은 보편적 인식과 개별적 인식 두 종류가 있다. 보편적 관점에서 우리는 자연계에서 오래 지속되는 것이 별로 없다는 것과 어떠한 성공도 기껏해야 한순간이라는 것을 알고 있다. 보편적 비영구성에 대한 인식이 야기하는 불안감은 납득할 만한 모험담, 《은하로 가는 히치하이커 길잡이》의 결론 부분에서 잘 보여 주고 있다. 시간 여행에서 되돌아오던 영웅들은 자신들이 지구에서 선사시대 조상들과 함께 있는 것을 발견한다. 수천 년 후 보곤건설함대가 은하간 고속항로를 내기 위한 공간 확보를 위해 지구를 무참히 파괴함에 따라 지구가 돌연한 종말에 봉착하게 된다는 것을 생생하게 기억하지만, 또한 앞으로

---

[3] 〈신명기〉, 34장 2절.

전개될 인간 문명의 위대한 발전도 생각한다. 미래를 목격했다는 혜택이랄까 저주에서, 초기 인간들이 주위에서 열성적으로 활동하고 있는 모습이 얼마나 무의미한 것인지 생각하지 않을 수 없었다. 그들은 결국 멸망할 문명을 건설하는 운명인 것이다.[4] 물론 수소 자원이 다 고갈된 태양이 붉은 거대 항성으로 팽창할 때, 우리 행성이 어쩔 수 없이 맞게 될 실제 운명을 보곤함대에 의한 지구의 멸망이라는 극적 비유로 표현한 것임을 독자는 간파하였을 것이다. 인간의 활동이 결국 파멸로 끝나는 엄연한 대과정의 일부이며, 이 행성이 태양 주위를 몇백만 번쯤 회전한 다음, 우주의 냉혹한 엔트로피적 소멸의 하락 속으로 삼켜져 들어감에 따라 옳거나 그르거나, 혹은 그도 저도 아닌 그 어떤 것도 살아남지 못하리라는 것을 우리는 알고 있다. 그런데 왜 선하고 가치 있는 것을 성취하기 위해 노력하여야 하는가?

이 장기적·보편적 헛됨이 일부 사색적인 사람들에게는 고민스러운 문제이다. 그럼에도 불구하고 의미 있는 활동을 추구하는 데 이 유한의 시간이 적절한 시간적 범위가 된다고 주장하는 것이 그르지만은 않다. 베르길리우스[5]는 로마제국이 영원히 존속하리라고 가정하지 않았어도, 로마제국의 역사와 전망에 대한 자부심과 의의를 찬양할 수 있었다. 그러나 그 점을 인정하더라도 헛됨의 두 번째 근원이 남는다. 그것은 보편적이 아니라 개별적으로 작용하는 헛됨이다. 개인인 우리 각자의 삶에 항상 존재하는 실패의 위협

---

4) Douglas Adams, *The Restaurant at the End of the Universe*(London: Pan Books, 1980).
5) Virgil(70-19 BC): 고대 로마의 시인. 〔역주〕

이며, 건축가 데이비드의 불운한 병원 건립 계획 사례에서 보여 준 고난이다. 우리가 여기에서 직면하고 있는 것은 선(善)의 **연약함**이라는 악명 높은 문제이다. 세상이 돌아가는 방식에 비해 선은 그 강인함이 부족해 보인다. 의로운 행동의 길이 장애물로 막히는 수가 많으며, 선한 것을 추구하는 노력은 '전쟁 · 기근 · 세월 · 질병 · 독재 · 절망 · 법 · 우연……' 등에 직면하여 그저 실패로 돌아가는 경우가 많고,[6] 또한 다른 여러 가지 방식으로 우리의 희망이 시들 수 있다는 것을 모든 신앙과 종파의 현자들은 오래전부터 인식하여 왔다. (조금 전의 주장처럼) 우리의 활동에 대한 가치 평가가 어느 정도 성공 지향적이라고 하지만, 의미 있는 삶을 살려는 가장 영웅적인 시도조차도 운에 좌우되는 것으로 보인다. 선의 추구가 맞닥뜨리는 장애물을 고려할 때, 의미 있는 삶으로 향하는 길이 제공하는 실존은 고투로 가득한 것으로 보이며, 그 성공적 결과라는 것도 분명 얄팍한, 기껏해야 본전을 조금 넘은 그런 실존으로 생각된다.

물론 위의 내용이 의미 있는 삶을 손에 넣을 수 없다는 것이 필연적이라는 의미는 아니다. 때때로, 아니 그보다 자주 성공적으로 이루어지는 계획들도 있다. 따라서 사람들의 삶에 대한 우리의 평가를 포함한 모든 인간사는 더 이상 어찌할 수 없는 운명이라는 요소의 지배를 받는다는 결론을 내릴 수 있을 것이다.[7] "생쥐와 사람들의 최선을 다한 계획이/종종 빗나가 버린다"는 것을 우리는 잘

---

6) John Donne, *Holy Sonnets*, VII, from *Divine Poems*(c. 1620).
7) 이 문제에 대한 문헌은 D. Statman(ed.), *Moral Luck*(Albany: State University of New York Press, 1993) 참조.

알고 있다.⁸⁾ 보람 있는 활동을 성실히 추구하는 것이 의미 있는 삶을 가져올 것인가는 운명에 달렸다는 것을 인정하는 수밖에 없을지도 모른다. 행운이 미소지어 준 운좋은 사람은 인생의 끝자락에서 삶을 뒤돌아보고 그 삶이 의미 있었다고 선언할 수 있을 것이며, 반면에 그 태생이나 성장 배경, 건강, 재능의 문제, 혹은 사고로 보람 있는 목적들을 추구할 수 없는 사람들은 그저 참아야만 할 것이다.

의미 있는 삶의 추구가 가능한 사람들의 비율이 이렇게 암울하게 제한적으로 산정된 것에 대해 모순이라고 탓할 수는 없다. 그러나 그 비율이 나타내는 개념은 심리적으로 용납하기 어려우며, 윤리적으로도 불쾌하다. 그 개념이 윤리적으로 불쾌한 이유는, 모든 인간 피조물은 구원받을 자격이 있다는 기독교와 이슬람교 사상의 정수에 근간을 두는 동정과 평등주의의 오랜 전통에 위배되기 때문이다.⁹⁾ 이 동정과 평등주의 전통에서는 인간의 고유한 존엄성과 가치가 우리 각자에게 무한한 가치를 부여하며, 우리가 삶에 의미를 부여하기 위해 선을 향해 성실히 나아가기만 한다면, 인간 가족의 구성원이라는 자격만으로도 필요한 모든 것이 우리에게 제공된다. 그러나 위의 한정적 개념은 **초인(Übermenschen)**이라는 가장 강건한 사람들을 제외하고는 누구도 받아들일 수 없다. 그 개념은 순풍을 기대할 특별한 이유 하나 없이, 이 고투에서 우리의 빈약한 자원 외에도 우리를 도울 것이 있다는 아무런 확신 없이, 고

---

8) Robert Burns, 〈To a Mouse〉(1785).
9) Cf. 바울, 〈골로새서〉(c. AD 50), 3장 11절. 이슬람 보편주의에 대해서는 cf. 《코란》(7세기 CE) 2장 136절 참조.

되고 힘든 항해를 시작할 자신감을 가지라는 매우 비현실적인 기대를 우리에게 하기 때문이다.

용감한 파도타기 선수라면 해변의 산처럼 솟아오른 파도를 응시하며 "말도 안 되는 소리, 비록 오늘, 아니면 다음주, 아니면 내년에 바다가 나를 산산조각낸다 할지라도 그것이 파도를 타기 위해 서핑 보드를 저어 나갈 때 느끼는 그 희열을 없애지는 못한다"라고 외칠 것이다. 인간은 어려운 도전 과제에 달려들 때 기쁨을 느끼는 특이한 능력을 가지고 있다. 저주를 받아, 번번이 그 아래 계곡으로 굴러떨어져 버릴 무거운 바위를 산 위로 밀어올리기를 반복하는 시시포스가 몸을 돌려 다시 한번 산 아래로 터벅터벅 걸어 내려갈 때, 우리는 그가 행복해 보인다고 생각할 수 있다. 알베르 카뮈[10]는 "**우리는 반드시 시시포스가 행복하다고 생각해야만 한다** (il faut imaginer Sisyphe heureux)"라고 보다 강하게 표현하였다.[11]

그러나 수없이 많은 사람들이 의미는 말할 것도 없고 행복에 대한 현실적인 기대까지 부인할 정도의 불굴의 용기를 가진다고 전제하며, 반항적 시시포스의 초인적 영웅주의를 우리의 모범으로 삼는 것은 다시 한번 불공평한 조치이다. 운명에 맡겨진 그 연약함과 취약성을 너무 잘 의식하고 있는 우리 대부분은 궁극적 성공에 대한 기회가 시시포스의 기회만큼밖에 되지 않는다는 생각만으로도 질리고 말 것이다. 물론 이 암울한 표현은——카뮈의 말대로 이 '부조리'는——바로 그의 《시시포스의 신화》에서 제시된 인간

---

10) Albert Camus(1913-1960): 프랑스의 작가. 〔역주〕
11) Albert Camus, *The Myth of Sisyphus*(*Le mythe de Sisyphe*, 1942), tr. J. O'Brien(Harmondsworth: Penguin, 1955, rev. 2000), p.111.

의 곤경을 묘사한 것이다. "참으로 진지한 철학적 문제는 오직 하나뿐이다. 그것은 자살이다"라는 차가운 선언으로 이 책은 시작된다. 카뮈에게 이러한 분위기의 삶은 부조리이며, 헛되고 무의미할 뿐이다. 하나님 없는 우주에서 선의 권능에 대한 믿음을 받쳐 줄 종교적 지지대 없이 사는 그 부조리한 삶은 어떤 의탁도 허용하지 않았으며, 다만 "희망에 대한 거부와 위안 없는 삶에 대한 굳은 증거만"을 허용하였다.[12]

그렇다고 이토록 암울할 필요가 있을까? 인간적 공감 역량과 합리적 대화 역량의 융성에 기초하여 삶의 가치를 강조한 앞의 내용을 상기할 때, 우리가 심지어 하나님이 없는 우주에서도 **우리 인간 본질의 꽃피움**을 지향하고 있다는 이유만으로도 우리의 삶이 의미 있다고 보면 안 되는가? 의미 있는 삶의 개념들에는 인간의 융성이라는 관념이 필수적이라고 생각된다. 그러나 종교적 전망 없이 사는 삶에는 문제가 있다. 즉 종교적 전망이 없는 삶에서 인간 본성이 그 필수적 안내 역할을 수행하기 위해서는, 인간 본성의 의미가 진화되어 온 인간 존재에 대한 우연한 사실들의 모음 그 이상이어야 한다는 것이다. 인간의 본성은 우리 안에 가장 고결하고 가장 선한 것에 대한 표준적 이상을 구현해야만 한다. 이 경우, 인간 본성의 융성에 대한 호소는 이미 앞서 강조한 선의 연약함이라는 문제와 상당히 유사한 문제들에 봉착하게 된다.

지고의 고결성과 선함에 평가의 초점을 두지 않고 순수 사실적 입장에서 인간 본성을 바라본다면, 그것은 단지 돌연변이와 생존

---

12) Camus, *The Myth of Sisyphus*, p.59.

압력의 긴 과정에서 생산된 여러 가지 형태의 유전자들의 결과물에 불과하다. 이러한 관점에서 본다면 일정한 도덕적 성향 혹은 이타적 성향이 어떻게 진화하게 되었는지 알 수 있으며(아마도 이러한 성향들은 종(種)의 이익을 가져오는 협력성에 이바지하였을 것이다), 다른 특성들, 즉 호전성 · 권력 욕구 · 냉혹성 등도 마찬가지로 일정한 유익을 가져다 줄 것으로 생각된다(이것은 각별히 악하고 호전적인 인간 역사의 본질을 명백히 설명해 준다). 이제 만약 실재의 궁극적 본질이 악에 대비된 선으로의 편향성을 전혀 갖지 않는다면, 만약 선이 결국 승리한다는 희망을 지지하는 것이 아무것도 없다면, 만약 우리가 본질적으로 독자적 삶을 사는 것이라면, 그리고 선을 추구한다는 사실이 특정한 유인원과 일정 비율이 (아마도 소수가) 소유한 일시적이고 취약한 성향 그 이상이라고 생각할 아무런 근거가 없다면, 그렇다면 선의 길을 가는 데 필요한 자신감과 결단을 우리가 어떻게 성취할 수 있을 것인지 알기 어려우며, 최악의 경우 어떤 삶은 다른 삶보다 더 의미 있을 수 있다는 생각 자체가 하나의 환상으로 보이기 시작할 것이다.

　종교적 전망에서는――적어도 특정 종교의 전망에서는(이에 대해서는 다음에 더 다루기로 한다)――덕 있는 삶에 대한 강력한 **초점** 혹은 **틀**을 제공함으로써 의미의 가능성을 제공한다. 그렇다고 이 말이 덕 있는 삶이 갖는 선을 입증하는 데 필요한 근거들을 종교가 제공한다는 의미는 아니다. (앞부분에서 주장하였듯이) 행동이나 삶을 선하게 만드는 것들에 대한 우리의 평가는 어떤 신성한 명령의 지원을 기다릴 필요 없이 이미 인간적 측면에서 그 가치가 인정되는 특징들에 기초하기 때문이다. 도덕적으로 선한 삶은 우리로 하여금 인간의 본성을 실현하게 해주는 삶이다. 그리고 종교적 차원이 이 삶에 덧붙여 주는 것은, 인간의 본성이 한 특정한 종(種)이 우연히 간헐적으로 소유하게 된 특성들의 집합 그 이상이라는 사실을 드러내 주는 틀이며, 또한 우리가 생각할 수 있는 최고의 자비와 최고의 보살핌을 베푸는 존재가 우리가 성취하기 바라는 상태를 지시해 주는 틀이다. 이러한 차원에 초점을 맞출 때 미덕의 추구가 때로 어렵고 힘겹다 할지라도, 그 실현에 우주 창조의 목적이 있다는 도덕 질서를 확립하는 데 적게나마 공헌하려는 소망으로 우리는 고취된다. 그러한 자세로 행동한다는 것은 우리의 노력이 우연히 뽑혀 진화한 유전자들의 지엽적 발현 그 이상을 의미한다는 신념에서 행동하는 것이다. 또한 세상의 잔인성과 고통에도 불구하고 선을 향한 노력은 항상 일정한 탄력성을 가질 것이라는 신념에서 행동하는 것이다.

종교와 선의 탄력성

우리의 슬픔이 파괴 불가능한 세력으로 우리 안에 살고 있다는 사실을 (…) 감사히 생각하자. 슬픔은 모든 세력들이 그러하듯이 그 형태만을 바꾸며, 고통에서 공감으로 전이되어 간다. 우리가 가진 최상의 통찰력과 최상의 사랑을 모두 포함하는 단어, 공감 (…) 삶의 유형 무형의 관계들에서 그 초월적 중심은 현재 우리의 자아 혹은 장래 우리의 자아라는 인식이 우리가 기대고 사용해야만 하는 근육처럼 자랄 때, 우리는 공감한다.[13]

선의 탄력성에 대한 종교적 주장은 오해를 받기 쉽다. 인간의 실제 역사에서 선이 패배한 경우는 분명히 많다. 사도 바울이 "사망이나 생명이나 (…) 다른 아무 피조물이라도 우리를 하나님의 사랑에서 끊을 수 없으리라"고 외치며,[14] 그 신도들에게 역경을 견디어 낼 것을 권면하였을 때, 그 말의 의미가 모든 일이 결국 다 잘 될 것이라는 순진한 주장으로 해석되게 만들려는 의도는 없었다. 사도 바울이 그토록 정통한 유대 경전에는 무고한 사람들이 겪는 끔찍한 시련에 대한 이야기들과 폭정과 압제의 세력들에 의해 궤멸되는 영웅적 선에 대한 이야기들로 가득하다. 그러므로 바울 사상은 겉발림의 낙관론일 수 없으며, 선의 권능에 대한 좀더 치밀한 이해가 포함되어 있다. 바울 서신 중 다소 덜 유명한 다음의 구절이 이를 좀더 효과적으로 표현하고 있다:

사람이 감당할 시험밖에는 너희에게 당한 것이 없나니 오직 하나님은 미쁘사 너희가 감당치 못할 시험당함을 허락지 아니하시고, 시험당할 즈음에 또한 피할 길을 내사 너희로 능히 감당하게 하시느니라.[15]

이 구절에서 확언하고 있는 탄력성은 불가능한 시련을 마술처럼 극복하는 것을 말하는 것이 분명 아니다. 선의 탄력성은 선의 편을 고수하는 가치를 그 결과로 평가한 성공 혹은 실패에 따라 판단하

---

13) Goerge Eliot, *Adam Bede*(1859), Ch. 50.
14) 〈로마서〉, 8장 38절.
15) 〈고린도전서〉, 10장 13절.

는 태도가 아니라, 오히려 소망으로 빛나며 감당할 용기를 생성하는 태도를 말한다.

과연 어떤 근거에서 '소망으로 빛난다'는 것인가? 선이 보상받을 내세에 대한 믿음을 말하고 있는 것인가? 이 내세에 대한 개념은 (바울의 사상을 포함한) 많은 종교 사상에서 그 핵심적 역할을 하였다. 그러나 비난하려는 의도는 전혀 없이, 이 내세 개념이 현 상황에서 종교적 전망에 대한 우리의 이해를 현저하게 밝혀 주리라고는 생각지 않는다고 감히 말하겠다. 그러한 내세가 우리를 기다리고 있느냐 기다리고 있지 않느냐의 문제는 지식의 한계를 넘어서는 것이다. 다만 미래 어느 시점에서 기대되는 개인적인 **보상만을** 위해 미덕을 추구하는 사람은 자동적으로 미덕의 본질을 잘못 이해한 것이고, 따라서 그 정의상 참된 미덕으로 행동하는 것이 아니라고 말할 수 있다. 선을 추구하려는 종교적 동기를 갖는다는 것은 성공과 안락에 대한 보장이 없다는 것을 알면서도 우리에게는 그외 다른 성취 방법이 열려 있지 않다는 흔들리지 않는 신념을 가지고 순종·겸손, 그리고 사랑의 정신으로 의를 행하고자 노력하는 것을 말한다. 그러한 태도를 인지적 용어로만 묘사하기는 어렵다. 그 태도는 본질적으로 합의된 명제들로 그 특성을 나타낼 수 있는 것이 아니며, 감정과 믿음, 예배 관습, 그리고 도덕적 확신들이 비트겐슈타인이 말한 '열정적 헌신' 안에서 일정한 삶의 형태로 다 함께 융합되어 들어가는 지향의 문제이다.[16]

우리는 소망에 대해 말하였다. 그러나 여기에 관련된 소망은 특정한 경우나 일반적 경우에서 호의적인 결과가 있을 것을 기대하는 인지적 태도라기보다는 선의 권능이라는 개념에 대한 정서적 충성에 보다 가까운 것이다. 종교적 전망의 패러독스는 어떤 합리적 계산으로도 가장 회피해야 하는 고통, 우리 자신들과 우리가 사랑하는 사람들을 위해 일생 동안 마땅히 회피하기 위해 노력해야 하는 고통이 모든 분석을 거부하는 놀라운 방법으로 작용하여 우리의 본성을 심화시키고, 아직 도달하지 못하였지만 언젠가는 도달할 인간성에 우리를 보다 가까이 가져다 주는 열쇠가 된다는 것이다. 이것은 끔찍이 무익하고 비생산적인 고통이 존재한다는 사실을 부인하려는 말이 아니다. 느긋한 학구적 신학자들이 그들의 종잇장 같은 손에 대고 마른기침을 하면서 무익한 고통에 대해 반론을 펼 때 그 냉정한 입담은 끔찍하다. 그러나 그럼에도 불구하고 인간의 조건과 구원의 가능성에 대한 설명에서 고통이 그 중심에 있는 종교들──기독교가 가장 뚜렷한 예가 될 것이다[17]──에서 우리는 심오한 진리를 파악할 수 있다.

세속적 감수성에 대비된 종교적 감수성의 측면에서 이해한 선의 탄력성은 금방 되살아나거나 끝까지 견디어 성공하는 마술적 성

---

16) Cf. Wittgenstein, *Culture and Value*(*Vermischte Bemerkungen*, 1977)(Oxford: Blackwell, 1988) p.61. 또한 H. Glock, *A Wittgenstein Dictionary*(Oxford: Blackwell, 1996), s. v. 〈religion〉 참조. Rudolph Carnap의 다음의 말과 비교:

(의사) 형이상학적 진술은 존재하는 사태(이 경우 그것은 참된 진술일 것이다) 존재하지 않는 사태이거나(이 경우 그것은 거짓 진술일 것이다) 또는 사태를 기술하는 데 기여하지 않는다.(의사) 형이상학적 진술은 한 사람의 삶에 대한 일반적 자세를 표현하는 데 기여한다(*Lebenseinstellung, Lebensgefühl*).
　　　　　　Überwindung der Metaphysik' (1932), trans. in A. J. Ayer(ed.),
　　　　　　Logical Positivism(New York: Macmillan, 1966), pp.78-9.

17) 비록 다른 방식이기는 하지만, 불교 또한 고통을 인간 존재의 개념에서 그 중심으로 삼는다. (나의 이해에 따르면) 고통은 속죄로서가 아니라 깨달음을 통해 결국 도피하여야 할 것으로 간주된다.

향의 문제가 아니라, 가장 깊은 스트레스와 약점에 반응하여 그것을 변화시킬 수 있는 인간의 영혼에 관한 문제이다. "우리가 실패를 경험할 때 신성이 우리에게 계시된다. 종교는 인간의 결함에 대한 자각이며, 그 결함의 인정이 종교 생활이다."[18] 성모 마리아 송가의 후렴구 '**권세 있는 자를 그 위에서 내리치셨으며 비천한 자를 높이셨고**(Deposuit superbos et exaltavit humiles)' 는, 오만할 만큼 성공한 사람들을 내리치고 실패한 사람들을——이 세상에서가 아니면 적어도 내세에서라도——일으켜 세워 주는 초자연적 권능에 대한 단정으로 대강 해석될 수 있다. 그 믿음을 자신의 것으로 만들 수 있는 사람들에게는 그것이 고무적이고 나무랄 데 없는 신앙의 표현임이 틀림없다. 또한 그것은 성공・지위・금전이라는 장식물에 대한 애착을 포기함으로써 우리가 보다 온전한 인간성을 가지게 되며, 표면적 차이는 있지만 많은 공통점이 있는 주위 사람들의 곤경에 대해 보다 마음이 열리게 된다는 통찰로 이해될 수 있다. 이러한 변화는 조만간에 우리의 젊음, 건강, 우리가 사랑하는 사람들, 그리고 결국에는 우리의 생명까지 모두 포기해야 하는 이 세상에서 과연 어떻게 살아가야 하는지에 대한 깨달음에 보다 다가가게 해준다. 지위와 권력은 우리를 일시적으로 인간 고유의 연약함에서 차단해 준다. 그러나 우리는 그 연약함의 깊이를 잴 때 무엇이 진정한 문제인지 알게 된다.

---

18) L. Kolakowski, *Religion*(New York: Oxford University Press, 1982), Ch. 5. p.188. 그는 '이것이 니체가 기독교를 그토록 혐오하게 만든 것' 이라고 적절히 덧붙인다.

연약함과 유한성

삶에서 의미를 찾고자 하는 우리의 추구는 역설적으로 그 의미 추구에 가장 적대적이라고 생각되는 인간의 삶과 행복의 불확실성에 초점을 맞추도록 우리를 이끌어 주었다. 인간 운명의 그 암울한 측면에 대해 깊이 숙고하느니, 이미 우리의 실존을 보다 편안하고 안전하게 만들어 준 근대 과학의 모든 자원을 이용하여 그 암울한 측면을 최소화하는 것이 더 낫지 않을까? 그러나 불확실성의 맥락에서 의미를 구한다는 역설은 너무 분명하다. 과학의 합리성이 우리를 얼마나 멀리 데려다 주든지(과학은 분명히 안락과 물리적 안전에서 상당한 진보를 가져다 주었다), 인간 조건의 가장 근본적 측면——우리의 의존성, 우리의 유한성, 우리의 죽을 수밖에 없는 운명——을 제거할 수는 없기 때문이다. 많은 철학자들에게는 거의 무의식적으로 인간의 이성적 능력에 대해 일종의 의기양양한 낙관론을 채택함으로써 스스로에게서 이 암울한 현실을 감추어 버리고자 하는 괴이한 성향이 있다. 과학은 기껏해야 우리 고유의 연약함을 완화시킬 수 있을 뿐 완전히 뿌리뽑지는 못한다. 과학자들은 어떻게든 이 사실에 직면하는 것을 회피하여 왔다. 이 기이한 눈가림은 심지어 인간의 존재 조건에 대한 명료한 비전을 세울 책임이 있다고 여겨지는 도덕철학자들에까지 영향을 미치고 있다. 더 놀라운 것은 인간 삶의 취약성이 너무나 분명한 세계에 살았던 아리스토텔레스 같은 고대 도덕철학자들, 가장 영향력 있는 윤리이론가들에게까지 미친다는 것이다.[19]

고대와 근대를 막론하고 도덕철학자들 사이에 널리 퍼져 있던 그림은 자신의 활동에 대해 스스로 만족할 결정을 하고 선한 삶의 구성 요소들을 당당하게 정하는 합리적이고 자율적인 성인(成人)의 그림이다. 그러나 이 그림은 환상이다. 우리가 (때때로) 현명한 결정을 내릴 수 있는 (부분적이나마) 합리적인 존재가 아니라는 이유에서가 아니라 인간의 실존이 돌고 있는 두 개의 극, 즉 우리의 **기원**과 **목적지**라는 근본 사실을 무시한다는 이유에서 그 그림은 환상이다. 첫째, 우리 모두가 출현한 맥락, 즉 우리의 대체적 목적이 형성되고 우리 삶의 일반적 방향이 결정된 맥락은 절망적인 무기력과 연약함의 맥락——영유아기의 맥락이다. 〈시편〉의 저자는 우리가 우리를 만든 것이 아니라고 하였다. 마르틴 하이데거는 우리가 세상에 던져졌다고 하였다. 이들의 메시지는 동일하다. 즉 독자적 결정을 내릴 수 있는 자율이 아니라 예속적 의존이 그들의 메시지이다. 둘째, 우리의 정성들인 계획과 과업의 목표와 목적지는 결국 아무것도 아니다. "나의 때가 얼마나 단축한지 기억하소서. 주께서 모든 인생을 어찌 그리 허무하게 창조하셨는지요."[20] 경제

---

19) Aristotle, *Nicomachean Ethics*(c. 325 BC), Book Ⅱ, Ⅲ, Ⅹ 참조. 자율적인 합리적 작인(作因)에 대한 언급은 매우 많으나, 인간의 연약함에 대한 언급은 몇 개 되지 않는다(그러나 Book Ⅰ, Ch. 10 참조). 나는 다음의 Alasdair MacIntyre의 예를 따르고자 한다:

> (서양의 도덕철학에서) 도덕적 행위자는 (…) 그들이 지속적으로 합리적이고, 건강하며, 평정을 유지하는 것처럼 묘사된다……. 아리스토텔레스는 (…) 스스로 우월하다고 자부하는 사람들, 그리고 스스로 우월하다고 자부하는 사람들의 기준을 채택하는 사람들의 입장을 도덕철학에 이입하는 것에서 (…) 많은 것을 (…) 기대하였다.
>
> *Dependent Rational Animals*(London: Duckworth, 1999), pp.1-2, 7.

20) 〈시편〉, 89편.

학자인 케인스가 즐겨 말하던 것처럼 장기적으로 우리는 모두 죽을 것이다.

논리 교과서에서 가장 유명한 모든 인간은 죽는다라는 전제가 왜 이 맥락에서 그토록 중요한 것인가? 그 대답의 일부는 인간이 '**야수와 천사 사이에 있는 일종의 중간적 존재**(medium quoddam inter pecora et angelos)'라는 히포의 아우구스티누스(Hippo's Augustine)[21]의 명언에서 찾을 수 있다. 이 말에서 형이상학을 빼버리면 우리 성품의 영구적 긴장이라는 주제, 즉 우리는 자신의 본성에 의해 제약을 받지만 그 본성을 초월한 시야를 가진다는 주제로 요약된다. 동물처럼 우리는 불가피한 쇠퇴와 소멸의 운명을 선고하는 생화학적 작용의 통제를 받는 유한한 존재이다. 그러나 이성적 능력으로 인해 범상한 실존으로부터 우리 자신을 분리하여 생각할 수 있고, 그리하여 있는 그대로의 유한성을 인식할 수 있는 능력을 가지고 있다. 우리의 유한성이 의미하는 바를 그토록 정확히 볼 수 있는 능력이 있다는 것은 모든 피조물 중에 인간만이 세상에서 완전한 안식과 평안을 구할 수 없다는 것을 의미한다. 하이데거가 말한 대로 고전적 인간 조건인 **불안**(Angst)은 **섬뜩함과 심적 불편함**(unheimlich)을 느끼는 조건이다. 매일매일 친밀성이 무너진다. **인간 존재**(Dasein)는 "**편치 않음**(Das Nichtzu-Hause)의 실존 양식으로 들어간다."[22] 1922년 시인 릴케는 《두이노의 비가》에서 (하이데거

---

21) Augustine, *De Civitate*(420), ix 13.
22) Martin Heidegger, *Sein und Zeit*(1927); 8th edn(Tubigen: Niemeyer 1957), p.189. Trans. as *Being and Time*, J. Macquarrie and E. Robinson(New York: Harper and Row, 1962), p.233.

보다 5년 앞서 보다 우아한 형식으로) 불안이라는 인간의 조건을 다음과 같이 노래한다:

> 짐승들조차 재빨리 감지하나니
> 이미 알고 있는 세상에서
> 우리는 온전히 안전하지 않고, 진정 편안할 수 없음을.
> und die findigen Tiere merken es schon
> daß wir nicht sehr verläßlich zu Haus sind
> in der gedeuteten Welt.[23]

인간의 조건은 역설적이다. 그 이유는 정확히 인간으로서 성취할 수 없는 무한한 열망을 갖는 것이 인간으로서 우리의 본성이기 때문이다.

이 지점에서 근대 과학의 많은 성공에도 불구하고 영구적 호소력이 있는 영성의 개념을 발견해야 한다고 생각한다. 만약 지금 우리의 모습과 우리가 되고자 하는 모습 사이의 격차에서 영적 충동이 기원하였다면, 우리가 유한한 존재로 남아 있는 한 과학이나 그 어떤 것도 그 격차를 메울 수 없으며, 유일하게 유효한 방법은 그 격차와 타협할 수 있도록 만들어 주는 일종의 철저한 내적 변화일 것이다. 인간의 본래적 약점과 죽을 수밖에 없는 운명에도 불구하고 의미 있는 삶에 대한 가능성을 허락해 주는 그러한 내적 변화

---

23) Rainer Maria Rilke, *Duineser Elegien*(1922), I(trans. J. Cottingham). 영어 번역이 있는 독일어판을 보려면 J. B. Leishman and S. Spender(eds), *Rainer Maria Rilke: Duino Elegies*(London: Hogarth Press, 1939; 4th edn 1968) 참조.

이기에, 대종교에서는 전형적으로 그러한 변화를 성취하는 것을 목적으로 삼아 왔다.

영성과 내적 변화

모든 영적 경험들은 근본적으로 자아로의 회귀이다. 그 회귀에서 자아는 (불안)에 의해 던져졌던 소외의 상태에서 해방된다. 이렇게 해방된 자아는 더 이상 우리의 이기적·열정적 개체에 불과한 것이 아니다. 그것은 보편성과 객관성에 마음이 열리고 보편적 자연과 보편적 사고에 참여하는 우리의 **도덕적** 인격이다······. 영적 훈련의 실천은 수용된 관념들의 완전한 역전을 의미한다. 부와 명예, 그리고 쾌락이라는 거짓 가치들을 부정하는 것이며, 미덕과 명상, 소박한 생활 양식, 그리고 존재의 소박한 행복이라는 참된 가치들을 지향하는 것이다······.

피에르 하도트, 《삶의 방식으로서의 철학》[24]

자아를 그 소외 상태에서 해방한다는 내적 변화의 개념은 교리와 교조에서 광범위한 차이는 있지만 세상의 대종교들을 분명히 관통하고 있는 가닥이다. 기독교 복음에서는 **메타노이아**(metanoia)를 요청한다. 그것은 우리를 부와 지위에 대한 조급한 관심에서 해

---

24) Pierre Hadot, *Philosophy as a Way of Life*(Oxford, UK and Cambridge, USA Blackwell, 1995), pp.103-4. 원래 *Exercises spirituels et philosophie antique*(Paris: Etudes Augustiniennes, 1987)로 출판됨.

방시키고, 외적 과시나 이미지에 대한 걱정으로 괴로워하지 않으며, '공중의 새' 혹은 '들의 백합화' 처럼 자유롭게 '더욱 풍성한' 삶을 사는 일종의 '거듭남'으로 우리를 인도하는 가치관의 근본적 변화를 말한다.[25] 이보다 훨씬 이전이지만 유사한 맥락에서 위대한 유대의 선지자 이사야는 "너희 목마른 자들아 물로 나아오라. 돈 없는 자도 오라. 너희는 와서 사먹되 돈 없이, 값 없이 와서 포도주와 젖을 사라"고 촉구한다. 돈으로 살 수 있는 것을 얻는 것이 아니라 영혼의 양식인 회개 · 의로움 · 평안을 얻으라고 촉구하였다.[26] 그후에 선지자 마호메트는 알라가 관심을 갖는 것은 육신적 외양이 아니라 '우리의 마음과 행동의 모양' 이라고 하였으며, 또한 '가장 훌륭한 성전(聖戰, jihad)은 자아를 정복하기 위한 성전' 이라고 주장하였다.[27] 세속적 갈망과 애착에서 자아를 해방시키기 위한 명상을 강조한 고대 불교 윤리에서도 동일한 내용을 찾아볼 수 있다.[28]

그러나 다 그런 것만은 아니다. 예를 들어 유교나 아리스토텔레스철학과 같이 세계적으로 영향력 있는 일부 윤리 체계에서는 삶에서 적절한 신분을 유지하는 것에 상당한 중요성을 두고 있으며, 그 신분이 의미하는 부와 지위에 모든 관심을 기울인다. 아리스토텔레스의 윤리적 이상형인 **메갈로프시코스(megalopsychos)**, 즉 '위

---

25) "내가 온 것은 양으로 생명을 얻게 하고 더 풍성히 얻게 하려는 것이라." 〈요한복음〉, 10장 10절) 공중의 새와 들의 백합화의 이미지에 대해서는 〈마태복음〉, 6장 25-9절 참조.
26) 〈이사야〉, 55장 1절.
27) Z. Sardar, *Muhammad for Beginners*(Cambridge: Icon, 1994), p.60에서 인용.
28) P. Harvey, *An Introduction to Buddhist Ethics*(Cambridge: Cambridge University Press, 2000), Ch. 1 참조.

대한 영혼을 가진 인간'은 고급 문화에 태어난 건강하고 지적이며 부유한 인간이며, 존경과 명예를 얻을 자격에 대해 차분한 자신감이 있는 인간이다.[29] 그는 분명히 덕이 있는 사람이다. 관용과 애정, 용기와 절제 등의 습관을 정성스럽게 배양하였다. 그러나 그의 삶이 의미 있기 위해서 그가 의존하는 요소들은 세속적 성공을 유지하는 것에도 상당한 중요성을 둔다. 그러므로 아리스토텔레스의 선한 삶에 대한 개념의 중심에는 **에우다이모니아**(eudaimonia), 즉 성취가 있게 된다. 그러나 그 성취는 삶이 끝날 때까지 확실하게 평가될 수 없다. 왜냐하면 '위대한 영혼을 가진' 생활 방식을 유지하는 데 필수적인 부를 상실할 수 있는 불행한 가능성을 배제할 수 없기 때문이다(그래서 "죽을 때까지는 누구도 행복한 사람이라고 부르지 마라"는 음울한 그리스 속담이 있다).[30] 아리스토텔레스의 이상은 그 불확실성 외에도 지극히 비민주적이다(아리스토텔레스가 제도적 노예 제도를 간과한 것도 우연이 아니었다). 그의 이상은 선한 삶의 주요 후보자로 간주되는 아테네 특권 귀족들의 안락한 생활을 유지하기 위해 고도의 위계 사회를 요구하였다.

소위 '제1세계'의 구성원인 서구인들이 아리스토텔레스가 단단히 연결시킨 미덕과 그에 대한 외부적 물질 지원의 결합을 당장 저버린다면 그것도 위선일 것이다. '물질적'이라는 꼬리표가 마치 유

---

29) Aristotle, *Nicomachean Ethics*, Book IV, Ch. 3. 비교: J. Cottingham, *Philosophy and the Good Life*(Cambridge: Cambridge University Press, 1998), Ch. 3, §6; 그리고 〈Partiality and the Virtues〉 in R. Crisp(ed.), *How Should One Live?*(Oxford: Clarendon, 1996), Ch. 4, §1.

30) 인생 말년에 프리아모스 왕에게 몰아친 불행에 대한 아리스토텔레스의 토론을 비교하시오: *Nicomachean Ethics*, Book I, Ch. 10.

행하는 의상이나 요란한 자동차에 지각없이 집착하는 것만을 말하는 듯이 그것을 경멸의 의미로 사용하는 것은 쉬운 일이다. 그러나 사실 현대적 건강 관리를 위한 필수 시설은 말할 것도 없이 여행이나 오페라와 같은 많은 문화적 추구 활동들을 포함하여 중산층 전문인 집단이 자신들의 삶을 채우기 위해 선택하는 활동과 계획들은 물질적 번영의 실질적 기반이 없다면 모두 불가능할 것이다. 그럼에도 불구하고 지구상 다른 지역의 많은 동료 인간들의 고난——몰염치한 우리의 산업 공단에 의해 그 노동력과 자원이 착취당하는 인간들의 고난——에 대해서는 대체로 눈을 감아 버리고 우리의 안락한 삶만을 유지하고자 한다면, 우리가 어떻게 정당화될 수 있는가를 묻는 도전에 매우 민감하게 반응하는 부분이 우리 대부분에게는 있다.[31] 물론 여기에는 정의·평등, 그리고 권리의 문제가 복합적으로 관련된다. 이 문제는 많은 도덕철학자, 그리고 정치철학자의 노고가 허비된 문제이기도 하다. 현재의 맥락에서 부각되어야 할 요점은 이것이다. 즉 세계적 공평 분배의 문제가 기적적으로 정리될 수 있다고 할지라도, 또한 아무도 착취당하지 않고 모든 사람이 물질적 안락을 보장받는 완전 풍요의 지구촌 경제를 상상해 본다고 할지라도, 유토피아적 번영 세계가 그 거주자의 영적 욕구에 대해 어디까지 관심을 보일 것인가의 문제는 그 때에도 제기될 것이라는 점이다.

　이 문제는 헉슬리[32]의 전위적 판타지를 인용하여 '멋진 신세계의

---

31) Peter Singer, 〈Famine, Affluence and Morality〉(1972), repr. in J. Cottingham(ed), *Western Philosophy*(Oxford: Blackwell, 1996), pp.461ff 참조.
32) Aldous Huxley(1894-1963): 영국의 소설가·비평가. 〔역주〕

문제'라고 부를 수 있다. 헉슬리의 멋진 신세계는 모든 질병과 불편이 제거되고 안정적인 경제적 번영을 구가하는 삶에서 과연 인간이 의미를 찾을 수 있을 것인가를 묻는다.[33] 인간 행복의 취약성을 완화하는 것이 영적 위안의 필요성을 없애 준다고 가정할 수도 있다. 그러나 그렇지가 않다. 진정한 인간적 성취에 필요한 깊은 감수성을 전개하는 데는 항상 본래적인 위험이 따른다. 예를 들어 밀접한 사랑의 관계를 갖는다는 것은 애정·신뢰·갈등·결심·도전, 그리고 변화가 매우 복합적이고 섬세하게 뒤얽히는 것과 관련이 있다. 깊은 관계는 역동적이며 결코 정적이지 않다. 그리고 그 관계 안에는 본래적이고 회피할 수 없는 위험 요소, 즉 '그 환희의 사원'[34]에 거하고 있는 고통과 슬픔의 가능성이 존재한다. 예술과 창조를 위한 노력, 지적 개발, 진정한 모험, 부모 역할 등 우리가 가장 완전히 인간적일 수 있는 모든 분야에는 자동적 상실 가능성이 연루된 이 역동적 성격이 포함되어 있다. 물론 우리는 헉슬리의 다목적 신경안정제인 **소마**(soma)로 우리의 정신을 마취시키거나 겨우 센트리푸갈 범블 퍼피 게임이나 전자 골프 정도의 도전성을 가진 것으로만 시간을 때우면서 우리의 감수성을 무디게 만들 수도 있다. 그러나 그러한 실존은 비록 **불안**(Angst)은 없으나 진부하고 의미 없는 삶으로 신속히 축소되어 버린다는 것이 《멋진 신세계》의 분명하고 설득력 있는 메시지이다.

그렇다면 우리가 살고 있는 연약하지만 또한 멋진 이 세계에서 어떤 영적 목표들이 있을 것인가? 우리는 인간 본성의 연약함과 화

---

33) Aldous Huxley, *Brave New World*(London: Chatto & Windus, 1932).
34) John Keats, 〈Ode to Melancholy〉(1820) 참조.

해하고, 또한 우리에게 가장 소중한 것들의 불확실성과 화해하는 것에 대해 말하였다. 이러한 화해는 그것으로 충분히 중요하다. 그러나 그 화해에서 멈춘다면 영성의 길을 단순한 보상 훈련, 혹은 대처 전략 정도로 보이게 만들 수도 있다. 모든 지식을 능가하는 평안과 정신적 평온은 항상 종교의 길, 혹은 영성의 길에서 우리가 지향하는 주된 목적으로 생각되었다. 그러나 이것이 단지 인간적 노력의 고뇌와 위험에서 탈출하는 방법을 찾는 문제였다면, **소마 1 그램이** 더 쉽사리 그 일을 할 수 있었을 것이다("1그램이 안 먹는 것보다는 낫다"). 고요한 정신 상태·수용·평온, 그리스인들이 말하는 **아타락시아**(ataraxia, '휘젓지 않은 상태')──이 모든 것들은 영성 훈련이 전통적으로 성취하고자 의도해 왔던 부분들이다. 그러나 이 소중한 상태들은 다른 어떤 것──일종의 **자각**이나 **초점**──의 결과라고 생각하는 것이 일반적이며, 이 자각이나 초점에서 삶의 의미라는 관념과 가장 강력한 결합이 이루어진다.

대부분의 영성 형식이 공통적으로 목표하는 것은 출세·지위, 그리고 부의 축적과 같이 우리가 전형적으로 몰두하고 있는 것들로부터 우리를 떼어 놓고 그 대신 대단히 소박하지만 신비스러운 것, 즉 '돌고 있는 세상이 정지한 시점'인 이 순간,[35] 여기에 존재하는 우리 자신에게 초점을 맞추도록 준비시켜 주는 것이다. 그럼으로써 우리가 결코 완전히 이해할 수 없는 축복과 선물로써의 삶에 대한 인식, 즉 존재의 경이를 있는 그대로 경험하기 시작한다.

그러한 인식은 구태여 자아의 본질이나 궁극적 실재의 본질에

---

35) T. S. Eliot, 〈Burnt Norton〉(1935), II. in *Four Quartets*(1943).

관한 철학적 · 형이상학적 이론의 복잡한 구조를 전제하지 않고서도 우리가 성취할 수 있는 인식이다. 윌슨 소설의 한 등장 인물이 느낀 단순한 긍정의 솟구침이 그 좋은 예가 된다:

리첼디스는 그저 남편 · 가족 · 정원 · 집만을 사랑하지 않았다. 그녀는 삶 자체를 사랑하였다. 그녀에게 의식은 그 자체가 가장 깊은 신비였다. 단지 가느다란 힘줄로 신경계에 연결된 포도알 크기의 촉촉한 둥근 덩어리 두 개를 그녀가 가지고 있다는 이유만으로 10월의 첫째 일요일, 여기에서 하나의 기적——하늘 · 삼나무 · 잔디밭——이 그녀를 위해 일어나고 있었다. 이 무한히 연약한 눈이, 한번의 주먹질, 한 개의 칼이면 흔적조차 없어질 눈이 볼 수 있는 모든 우주와 그 우주의 모든 아름다움을 그녀 앞에 가져다 주었다. 마찬가지로 리첼디스에게는 소리 · 냄새 · 맛과 감촉이 커가는 경이와 경외 · 환희의 이유였다. 삶은 어떤 것도 당연하게 여겨서는 안된다는 깨달음을 가져다 주었다. 그 어떤 것도. 이러한 인식은 그녀 안에 그녀가 표현하고 싶어하였을 깊은 내적 감사를 생성하였다. **고마워요!** 그녀는 이 말을 외치고 싶었다. 노래하고 싶었다. 그녀는 자신이 매우 운이 좋다는 것을 안다. 그러나 누구에게 무엇에게 감사해야 할지 몰랐다. 만약 던스터블이나 레이튼 부저드에 작은 정령(精靈) 사원이라도 있었다면, 거기 가서 감사의 제주를 따르거나 첫 수확의 과일을 제물로 바쳤을 것이다. 냉동 봉지에 담긴 총알처럼 단단한 나무딸기라도. 아마도 그러한 의식을 통해 위대한 자연에 대한 감사로써, 자연에서 난 것을 자연에게 되돌려야 한다는 그녀의 생각이 충족되었을지도 모른다. 때때로 그녀는 바틀과 함께 이러한

기분으로 교회에 갔다. 그러나 교회의 종교는 그녀에게 전혀 이해되지 않았다.[36]

이 구절은 영적 경험의 본질에 대해 말해 줄 뿐 아니라 영적 경험이 그 표현을 위해 종교적 매개체와 어느 정도까지 결합되어야 할 것인가의 문제를 제기하고 있다. 리첼디스는 제도화된 종교의 전통적 구조가 더 이상 정서적·지적으로 인정할 수 있는 영적 욕구의 본향이 되어 주지 못하는 많은 현대 서구인들의 전형이다. 윌슨보다 한 세기 앞서 저술 활동을 하였던 조지 엘리엇[37]에게 이 전통적 매개체는 (그녀가 기독교의 지적 토대에 대해서는 단연 회의적이었던 사실에도 불구하고) 아직도 그 영적 소임을 수행하고 있다:

    헤티에 대한 생각으로 애덤이 예배를 귀에 담지 못하고 있는 것은 아니었다. 오히려 우리의 모든 과거와 우리가 상상하는 미래에 대한 의식이 우리의 모든 예리한 감수성의 순간들과 섞이듯이, 그녀에 대한 생각은 그날 오후 교회 예배가 그 경로가 되어 준 모든 다른 깊은 감정들과 융합되었다. 애덤에게 교회 예배는 자신의 뒤섞인 회한·동경, 그리고 체념에게 길을 터주는 그가 찾을 수 있는 최선의 경로였다. 도움을 간구하는 외침과 번갈아 들리는 믿음과 찬양의 분출——반복되는 응창과 본 기도의 친숙한 리듬이, 다른 어떤 예배 형식도 해줄 수 없는 변호를 그를 위해 하고 있는 듯하였

---

36) A. N. Wilson, *Love Unknown*(1986)(Harmondsworth: Penguin, 1987), pp.59-60.
37) George Eliot, 1819-1880, 영국의 소설가. [역주]

다……. 우리 감정의 비밀은 결코 있는 그대로의 대상에 있는 것이 아니라 우리 자신의 과거와의 미묘한 관계에 있다. 위로하는 관찰자에게 그 비밀을 들키지 않는 것이 놀랍지만은 않다. 그 관찰자는 기미를 알아채기 위해 안경을 쓰는 편이 나았을 것이다.[38]

이제 잠시 멈추고 지금까지의 내용을 종합해 보기로 한다. 그 실존이 본래적으로 연약한 존재에게, 의미의 추구는 가치 있는 계획에 합리적으로 종사하는 것 이상을 요구한다. 즉 일종의 종교적 혹은 의사 종교적 태도를 요구한다는 것이 지금까지 논의된 내용이다. 이러한 태도를 가진다는 것은 외적 성공에 기초한 평가를 외면하는 것이며, 존재의 신비와 경이에 초점을 맞추는 전망, 선(善)의 권능을 긍정하는 전망, 신뢰하고 소망하는 전망을 배양하는 것이다. 이것은 매우 감당하기 힘든 일단의 태도, 신념, 그리고 정서라고 생각될 수도 있다. 그러나 이러한 태도·신념·정서의 묶음을 위한 매개가 될 수 있는 예배 양식을 제공하려고 노력하는 것이 종교 체계나 영적 관례의 전통적 역할이었다. 이제 다음 단계에서는 이 묶음의 다양한 구성 요소들 사이의 관계에 대해——특히 지적 혹은 교리적 요소가 예배와 명상의 실제적 실천과 어떤 관계에 있는지에 대해——살피기로 한다. 결론을 말하자면 우리가 종종 가정하고 있는 것과는 달리 교리적 요소가 제일의 중요성을 가지고 있지 않다는 것이다. 이 결론은 삶의 의미의 문제에 대한 종교적 해법을 가로막는다고 생각하는 지적·회의적 장애물을 제거하

---

38) George Eliot, *Adam Bede*(1859), Ch. 18.

는 데 일보 전진하는 결과가 된다.

교리와 실천

그는 교리에 대해 길게 설교하였다. 그러나 나는 어려서부터 종교가 교리와 관념이 아닌 다른 어떤 것임을 분명히 알고 있었다. 나에게 교리는 마치 감정의 이름들을 아는 일과 같다. 그래서 그 감정들을 전혀 알지 못해도 그에 대해 말할 수 있게 되는 것이다. 사람이 연장을 본 적이 자주 없고 다루어 본 적은 더더욱 없어도, 그 이름을 알 때 그 연장에 대해 말할 수 있는 것처럼 말이다.

조지 엘리엇, 《애덤 비드》[39]

삶의 근본적인 문제들과 그 의미에 대해 사람들과 말하다 보면, 그들에게서 이제는 더 이상 선택 사항이 되지 못한다고 느끼는 종교적 해법에 대한 막연한 향수를 발견한다. (원래 그런 것처럼) 삶이 크고 작은 강렬한 외침들이나 결혼, 아기의 탄생, 별거, 질병, 사별과 같은 중요한 변화들을 토해 낼 때 이 종교적 해법에 대한 향수가 더 강렬해진다. 물론 종교와는 어떤 관련도 원하지 않는 많은 사람들이 있다. 돌팔이, 돈만 아는 사기꾼, 타인에 대한 영향력과 권력에 굶주린 정서장애자나 배후조종자, 그리고 진실한 겸손·친절·도덕적 통찰력을 가진 사람 등 잡다한 종류의 사람들이

---

[39] George Eliot, *Adam Bede*, Ch. 17.

'종교'의 종사자들이니, 그런 사람들이 있다는 것이 놀랍지만은 않다. 종교를 좋아하느냐고 묻는 것은 음악을 좋아하느냐고 묻는 것과 다르지 않다. 음악이라는 꼬리표가 대합실 음악에서 모차르트에 이르기까지 모든 것을 포함한다면 음악을 좋아하느냐는 질문은 의미가 없다. 종교의 경우 우리가 종교에 관심이 있고 없는 것의 문제, 또 관심이 있다면 어떤 종교 형식인가의 문제는 우리의 개인적 경험, 특히 어린 시절의 경험에 의해 강한 영향을 받는 경향이 있다. 헌신에서 혐오까지 '종교'라는 용어가 불러일으키는 다양한 반응들 중에, 이제 우리가 '팀'이라고 부르려는 한 교양 있는 진보적 서구인의 태도가 일반적으로 우세한 전형적 태도일 것이다. 팀은 때로 자신이 종교적이기를 바란 적이 있으며, 어떤 의미에서는 신앙을 가진 사람을 질투한다는 것을 확실히 인정할 것이다. 그는 곤경에 빠졌을 때 종교가 위안이 될 것이라고 가정한다. 그리고 전통적 종교 예식이 제공하는 기품 있고 울림 있는 삶의 통과 의식에 산발적으로 마음이 끌리기도 한다. 그러나(예의바른 구경꾼으로서는 제외하고) 스스로 그 예식에 참여한다는 것이 지적으로 정직하지 못하다는 것을 팀은 분명히 알고 있다. 중요한 요점은 팀이 하나님이나 신의 개념을 받아들일 수 없다는 것이다. 팀은 인간의 일에 개입하는 초자연적 세력이라는 관념 전부를 거부한다. 그리고 특정한 신앙에 참여할 때 무조건 받아들여야 하는 교리들——예를 들어 성육신이나 부활과 같이 기적적인 사건들에 대한 교리들——은 그가 결코 찬성할 수 없는 것들이다.

  삶에 대한 영성의 틀을 채택하는 것의 유익이 무엇이든지 팀과 같은 견해로는 그 선택이 차단된다. 반드시 수용해야 하는 그 교리들을 소화하지 못하기 때문이다. **그러나 교리가 그토록 중대해야만 하는가?** 이 소단락의 앞머리에 소개된 인용문에서 볼 수 있는 '애덤 비드의 입장'은 '종교가 교리와 관념이 아닌 다른 어떤 것'에 관한 것이라는 입장이다. 서양과 동양의 전통적 영성 학문——앞에서 언급된 내적 변화를 목적으로 하는 학문——의 발전에서 열성적 신봉자들이 무엇보다 강조한 것은 교리의 중요성이 아니라 명상과 기도의 기술, 자아 성찰과 위대한 자기 인식의 기술 등 **관례**의 중요성이었다.[40] 체조와 운동 신봉자들의 규칙적인 신체 활동처럼 이 영성 훈련은 그 대상이 복잡한 이론을 다 흡수하도록 요구하지 않고도 그에게서 의미 있는 변화를 일으키는 것을 목적으로 한다.

그러나 관례는 **믿음**을 전제로 하는 것이 아닌가? 믿음이 종교적 전망의 가장 중요한 부분이 아닌가? 많은 사람들이 확신하는 신조가 그들의 삶에서 갖는 중요성은 어떤 식으로든 폄하하지 않겠다. 그러나 일련의 신학적 주장들에 동의한다는 의미에서의 믿음은 실제로 종교적이라는 것의 중심이 아니라고 말하고 싶다. 확실히 바울의 저서들은 구원을 받기 위해서 예수에 관한 일정한 의견들을 **믿어야** 한다는 주장으로 가득 차 있다. 그리고 많은 현대 설교자들도 유사한 노선을 취한다. 그러나 생각해 보면, 예를 들어 모세 율법의 불가침성, 나사렛 예수의 정확한 지위, 선지자 마호메트의 탁월성에 대한 특정한 주장을 긍정할 준비가 되었다는 조건에

---

40) M. Foucault, Seminar at the Collège de France of 6 January 1982. Published as 〈Subjectivité et Vérité〉 in Y. C. Zarka(ed.), *Cités*(Vendôme: Presses Universitaires de France), vol. 2(March 2000), pp.156-6 참조.

따라 선하고 자비로운 하나님이 그 구원의 사랑을 주려 한다는 것은 전혀 납득할 수 없다. 또한 그 하나님이, 방금 언급된 세 가지 신앙 중 어느 하나에 특유한 교리를 양심에 따라 거부한 사람들을 구원받은 사람들의 집단에서 제외한다는 것도 납득할 수 없다.

수세기 동안 대부분의 종교에서는 그 옹호자들이 교조주의와 편협성으로 기우는 걱정스러운 경향을 보여 왔으며, 실제로 기립하여 신조상의 선언을 하는 것이 중요하다는 주장은 기독교의 특별한 특징이었다. 이러한 특징의 일부는 그리스도의 죽음 후 몇 세기가 지나 발생한 신학 토론들에서 생겨났다. 그러나 다른 갈래들은 기독교의 발전 경로에 영향을 미친 바울에게 직접 기인한다. 바울은 유대 율법의 열렬한 준수자이며 정통성의 맹렬한 옹호자였다. 그러나 그의 회심 경험의 결과로, 그는 희생적 사랑이라는 예수의 메시지가 특정한 나라에 한정된 것이 아니라 모든 인류—— '이방인이나 유대인, 종이나 자유인'[41]——에게 열려야만 하는 것임을 느끼게 되었다. 그 결과 그는 기독교인이 되었으며, 유대 정통성에 대한 그의 맹렬한 옹호는 그 정통성에 대한 맹렬한 공격이 되었다——할례가 필수적임을 계속 주장하는 사람들에 대한 그의 격렬한 반대를 보라.[42] 그러나 그 회원권은 아직 필요하다고 주장하며, 또 그가 새로운 '마음의 할례' 라고 부른 **믿음**에[43] 그 회원권이 있다고 주장한 점으로 보아, 그는 자신도 모르게 자신의 성장 배경에

---

41) 〈골로새서〉, 3장 11절; 〈갈라디아서〉 3장 28절.
42) 〈갈라디아서〉, 5장 12절의 강렬한 표현을 참고.
43) 〈로마서〉(c. AD 50), 2장 29절, "할례는 마음에 할지니 신령에 있고 의문에 있지 아니한 것이라."

대해 충분한 충성심을 계속 유지하고 있었던 것으로 보인다. 오래지 않아 예수의 신성과 부활에 대한 믿음을 받아들이는 것이 새로운 할례가 되며, 새로운 회원권이 된다. 이 강력한 보편 구원론자의 도덕적 비전에서 문은 모든 나라를 향해 열려 있다. 그러나 이 확장된 하나님의 나라가 새로운 정신적 할례가 배척되는 것을 용납할 수 없는 사람들로 이루어졌다면, 그 나라는 아직 폐쇄 집단이다.

이 글은 신학에 대한 논문이 아니며, 그리스도론에 대한 논문은 더더욱 아니다. 그러므로 이 글에서 예수의 지위에 대한 복잡한 토론――"사람들이 나를 누구라고 하느냐?"라며 그 제자들에게 물었다는 그의 생존 시기에 시작된 토론[44]――으로 들어가는 것은 적절하지 않다. 일부 역사학자들의 주장에 의하면, 독실한 유대인으로서 나사렛 예수는 자신이 하나님이라고 결코 주장할 수 없었을 것이며(그러한 생각은 상상할 수도 없는 신성모독이다), 만약에 예수가 자신을 '하나님의 아들'이라고 생각했다면 (역사적 관점에서 볼 때) 그에게 인간 아버지가 없다거나, 그가 삼위일체의 제2위격이라는 의미에서 '아들'이라는 의미는 아니었을 것이라고 한다.[45] 그러나 현재 이 글의 의도에 맞게 강조되어야 할 요점은, 기독교 영성의 길을 따른다는 것은 난해한 그리스도론적 토론들을 분류해 내는 것이 아니며, 또한 (그리스도의 죽음 이후 몇백 년이 지나 열린) 니케아 종교회의에서 채택한 '아들'과 '아버지'의 관계에 대한 심오한 형이상학적 교리들에[46] 대비된 특정한 신조의 입

---

44) 가이샤라 빌립보; 〈마가복음〉, 8장 27절.
45) G. Vermes, *Jesus the Jew: A Historian's Reading of the Gospel*(London: Collins, 1973), Ch. 8 참조.

장을 채택하는 문제가 전혀 아니라는 것이다. 기독교인의 삶에서 중요한 것은 이 복잡한 문제들에 대해 지성적 결론에 도달하는 것이 아니라 이해와 실천의 틀을 채택하는 것이라고 하겠다. 그 틀 안에서 나사렛 예수는, 바울의 표현을 사용하자면 '보이지 아니하시는 하나님의 형상'으로,[47] 화목과 치유의 역사를 통해 무력한 자들과 추방된 자들에게 사랑을 베풀고 자신을 내어준, 그 삶 속에 하나님의 영광을 계시하는 빛이 빛나고 있는 존재로 바르게 이해될 수 있다.

이같은 전통에서 유래하는 영성의 관례들은 그것을 채택하는 사람들의 삶에 의미를 줄 수 있다. 그것은 복잡한 신학적 교의에 대한 헌신 때문이 아니라 일정한 삶의 방식에 열정적으로 헌신하는 이유 때문이다.[48] 이 영성 관례의 틀 안에서 삶을 산다는 것은 무엇인가? 확실하지도 않은 방법으로 그 삶을 요약하려고 시도한다면 그것은 보기 흉한 오만일 것이다. 그러나 다음의 요소들은 그 그림에서 적어도 어느 정도 파악될 수 있는 부분이라고 생각한다.

첫째, 이 영적 관례의 틀 안에서 삶을 산다는 것은 삶을 귀중한 **선물**로 보는 것이다. 삶은 '우연'에 불과한 것이 아니라 선물로 주

---

46) 4세기의 아리우스 분쟁에서는 아들이 아버지에 의해 창조되었는가, 아들의 본질이 아버지의 본질과 동일한가, 다른가, 아니면 복합적 중간물인가 등의 문제에 대해 정통 삼위일체론자들과 이단 아리우스파 사이에 격렬한 논쟁이 있었다.
47) "그는 보이지 아니하시는 하나님의 형상(eikon)이요."(〈골로새서〉, 1장 15절)

> 그리스도는 하나님의 형상이니라……. 어두운 데서 빛이 비취리라 하시던 그 하나님께서 예수 그리스도의 얼굴에 있는 하나님의 영광을 아는 빛을 우리 마음에 비취셨느니라.
> 〈고린도후서〉, 4장 4-6절)

48) 앞의 주 14)에서 비트겐슈타인과 다른 저자들 참조.

어진 것이고, 진리와 아름다움 그리고 선함을 생성하는 근원에서 유래한 것이라고 보는 것이며,[49] 그 결과 주위 세상(자연계 그리고 인간 사회)을 그 모든 결함에도 불구하고 그 아름다움과 선함 그리고 진리에 의해 변화된 것으로 보는 것이다.

둘째, 영적 관례의 틀 안에서 산다는 것은 어떤 근본적 전환점에서 선과 악 사이의 선택 여하에 따라 우리의 삶이 결정된다고 보는 것이다. 그것은 지금 우리의 모습에서 개인적 책임이 그 중심 요소가 된다고 보는 것이다. 이것은 (행복의 극대화 혹은 인간적 탁월성의 개발과 같은 목적을 포함한) 다른 세속적 도덕 틀에 매력을 느끼는 것과 양립할 수 있다.[50] 그러나 도덕적 행위자로서의 우리의 지위에 대한 근본적 의미는 자신의 자유와 결정적으로 직면하고, 또한 삶의 도덕적 경로를 도표화하는 자신의 능력과 결정적으로 직면한다는 측면에서 이해될 수 있을 것이다.

셋째, 영적 관례의 틀 안에서 산다는 것은 예배 전통에 따라 구

---

49) 이 세 가지 특성 각각의 '근원'으로서 신성한 자연이 작용하는 방법에 대해 복잡한 형이상학적 설명을 할 수도 있다. 그러나 그 바탕이 되는 개념은 상대적으로 간단하다. 즉 하나님의 창조 행위가 우리의 참된 믿음과 합치하는 우주의 객관적 진실성의 근원이 되며, 우리의 도덕적·심미적 판단이 건전할 경우 그것을 반영하는 그 객관적 가치들은 (우리 인간의 본성을 포함한) 우주의 질서와 같은 방식으로 발생한다(가치 판단 영역에서 객관성 그 자체의 개념에 대해 의심이 든다면 Paul Bloomfield, *Moral Reality*(Oxford: Oxford University Press, 2001) 참조. 이 책은 이 문제를 전적으로 세속적 맥락에서 다루고 있다).

50) 자율성, 자유, 그리고 의지의 순수성 혹은 '거룩함'을 강조하는 칸트의 윤리가 최대의 행복과 인간적 미덕의 개발을 각각 강조하는 공리주의와 미덕 윤리보다는 종교적 삶의 양식과 공통점을 더 많이 가지고 있다는 의미에서 그렇다고 본다. '거룩한' 의지에 대해서는 *Groundwork*(*Grundlegung zur Metaphysik der Sitten*, 1785), trans. in H. J. Paton, *The Moral Law*(London: Hutchinson, 1948), p.101 참조.

성된 생활 양식을 채택한다는 것이다. 그 전통은 (명명식 · 성인식 · 결혼식 · 장례식 등의) 시기적 통과 의식에서만 따르는 전통이 아니라 식사 · 수면 · 기상이라는 매일의 생활 리듬, 그리고 매주 정기적으로 혹은 특별한 주기나 축일에 수행되는 찬송 · 기도 · 묵상의 총괄적 양식인 주별 생활 리듬에 응답하는 개인적 습관 속에서 따르는 전통이다. 그러한 훈련 혹은 (이슬람교의 개념을 들자면) '순종'의 행위들은 악을 물리치고 행운을 가져온다는 미신적 관념에서가 아니라 도덕적 · 영적 깨달음에 대한 정례적 초점으로서 채택된다. 그리고 이러한 훈련과 행위 자체는 내적 변화의 도구가 된다 (전적으로 세속적 맥락에서 아리스토텔레스가 한 말처럼 어떤 일을 행함으로써 그러한 종류의 인간이 되기 때문이다).[51]

넷째, 영적 관례의 틀 안에서 산다는 것은 여러 중요한 경전에서 확언한 진리, 즉 삶은 성공이나 물질적 부에 의해서가 아니라 사랑——소유욕이나 욕구에 따른 사랑이 아니라 자신을 내어주는 사랑——에 의해서 의미를 갖게 된다는 진리를 항상 염두에 둔다는 것이다. 다시 말해 영적 관례의 틀 안에 산다는 것은 창조된 존재는 진실로 외부를 향한 충동에서만 자신을 초월할 수 있고, 그 창조자의 자신을 내어주는 사랑의 광채를 반사하기 시작한다는 생각을 비록 흐릿하고 충분하지는 않지만 갖는다는 것이다.

---

51) Aristotle, *Nicomachean Ethics*, Book III, Ch. 5.

실천에서 신앙으로

지금까지 우리는 실천적 헌신과 삶의 형식에 대해 강조하였다. 하지만 종교적 전망에서 정리적·인지적 요소를 무시한다는 것은 매우 어렵다고 생각된다. 예를 들어 '주기도문'과 같이 교리적으로 미니멀리즘에 속하는 기도──경건한 유대인이나 이슬람교인이 암송하기에도 전혀 부담스럽지 않은 기도──조차도 최소한 아버지와 자녀의 관계와 유사한 그런 관계 안에서 피조물과 관계하는 하나님이 있다는 명제를 함축하고 있다. 그러므로 실천의 중요성이 무엇이든간에 영성의 관례들은 궁극적 실재에 대한 주장──신성하고 초자연적인 진리와 선의 근원에 대한 주장──을 전제로 한다는 사실을 회피할 방법이 없다. 이것은 삶에 의미를 주는 방법으로서의 영성의 틀에 대해 잠재적인 매력을 느끼는 사람들에게 매우 커다란 문제를 제기한다. 그것은 그 전제된 진리를 책임 있게 확인할 수 없다는 문제이다. 우주의 배후에 있는 '궁극적 원리'는 원칙적으로 현상 세계를 초월하며, 따라서 인간 지식의 한계 밖에 있다는 문제가 제1장의 앞머리에서 제기되었다. 그렇다면 그 진리를 전제로 하는 틀에 어떻게 책임 있는 헌신을 할 수 있을 것인가? 제2장의 끝부분에서 내려진 결론은, 관찰 가능한 세계에서 오는 증거가 그 관찰 가능한 세계의 궁극적 신적 근원에 대한 주장과 기껏해야 양립할 수 있다는 것이다. 그 증거가 신적 근원을 배제하는 것은 아니지만 그렇다고 그 신적 근원을 지지하는 것도 아니다. 제대로 된 증거의 지원이 없는데 어떻게 책임 있는 믿음을 가질 수 있으며, 어떻게 그러한 믿음을 전제로 하는 실천 과정을 시작할 수 있다는 것인가? "항상 어디에서나, 그리고 누구나 증거가 충분하지 않은 것을 믿는 것은 잘못된 일이다"라는 19세기의 불가지론자 클리포드의 메아리 있는 선언에 동의해야 되는 것이 아닌가?[52]

이마누엘 칸트는 하나님에 대한 진술은 인간의 지식 범위를 넘어서는 것이라고 주장한 철학자였다. 또한 그는 "신앙을 위한 여지를 마련하기 위해 지식을 뛰어넘었다"는 유명한 선언을 하였다.[53] 분명히 신앙은 영성의 길을 채택하는 핵심 요소가 된 적이 많았다. 이 사실은 기독교에 분명히 적용되고 있다. 그러나 불교와 같은 비-유신론적 영성 양식에도 역시 적용되는 것으로 보인다. 현대 불교 옹호자들 중 한 명이 상대방을 무장 해제시키는 솔직함으로 시인한 것처럼, 처음 신자들이 불교의 길에 끌리는 것은 그 형이상학적 주장들이 신자들의 지성적 동의를 이끌어 내기 때문이 아니라, 그들이 처음에는 놀라움으로 다음에는 관심과 상상력으로 그 형이상학적 주장에 보다 열성적인 반응을 보이기 때문이다. 불교의 종사자들은 '**보리**(깨달음)의 가능성을 믿는' 사람일 필요가 없다. 오히려 "그러한 목표가 진실로 존재한다는 것을 믿지 않더

---

52) W. K. Clifford, *The Ethics of Belief*(1879). Repr. in B. Davies, *Philosophy of Religion*(Oxford: Oxford University Press, 2000).

53) *Critique of Pure Reason*(*Kritik der Reinen Vernunft*, 1781, 1787), B xxx, trans. N. Kemp Smith(New York: St. Martin's Press, 1965), p.29. (헤겔을 예견하는) 칸트의 용어는 *aufheben*이다. (Kemp Smith의 번역이 혼돈을 불러왔지만) 신앙을 위한 공간을 만들기 위해 신앙이 지식을 '부정'한다보다는 신앙이 지식을 초월한다는 의미이다. Cf. H. Kaygill, *A Kant Dictionary*(Oxford: Blackwell, 1995), s. v. 'faith.'

라도 **보리**라는 **관념**은 상상력에 영향을 미치며, 우리를 완전히 흡수하고 새로운 방향을 설정해 줄 수 있다."[54]

종교 사상이 먼저 그 인지적 자격을 확보하지 않더라도 우리에게 영향을 미칠 수 있다는 것은 오래된 관념이다. 믿음 혹은 신뢰가 다른 기능의 **결핍을 보완해 준다**(praestet fides supplementum)고 토마스 아퀴나스는 그 유명한 찬미가에서 말하고 있다.[55] 이 글의 목적과 특히 관련되는 점은 신앙의 작용과 앞서 우리가 규명한 영성의 핵심 요소 사이의 관련성이다. 명상, 기도, 그리고 자기 정화와 같은 지정된 훈련이나 기술을 최우선으로 삼는 것이 영성의 핵심 요소이다. 철학적 기준에서 '영성의' 저술가라고 칭하는 것이 가장 적합한 사람들 중 한 명인 파스칼은 이 실천적 차원이 지성적 그리고 이론적 차원에 반드시 선행되어야 한다는 확고한 생각을 가지고 있었다. 부분적으로는 칸트를 예견하면서 파스칼은 "하나님이 있다면, 그 하나님은 우리의 이해를 무한히 초월한다. 그는 우리와 전혀 아무런 관계가 없다. 그러므로 하나님이 무엇인지, 혹은 하나님이 과연 존재하는지에 대해 알 능력이 우리에게는 없다"라고 선언하였다. **그렇다면 이성이 그 문제를 결정할 수 없다.**

---

54) Michael McGhee, *Transformations of Mind*(Cambridge: Cambridge University Press, 1999), p.167 참조.

55) 찬송가 *Pange lingua*(1260)에서 따옴. 관련된 구절은 "신앙이 정신의 결함을 메우게 하소서(paster fides supplementum sensuum defectui)"이다. 토마스 아퀴나스는 신앙이 이성을 대신한다는 신앙주의자의 입장을 주장하지 않는다. 오히려 신앙과 이성은 (이성의 지원을 받는) 자연 지식을 통해 하나님에게 '올라감'과 은혜를 통해 하나님에게서 (신앙에 기초한) 초자연적 지식의 '내려옴'이 함께하는 상호 보완의 관계이다. *Summa contra Gentiles*(1160), trans. in A. C. Pegis (Notre Dame, Ill.: Notre Dame University Press, 1975). p.39.

게다가 파스칼은 종교적 삶의 혜택이 매우 크므로, 결국 우리가 종교적 전망을 진지하게 채택할 수 있게 해주는 실천적 훈련을 시작하는 것이 합리적이라고 주장하였다. 이 목적이 요구하는 것은 더 이상의 합리적 논증이 아니라 감정의 훈련이었다.

당신이 바라는 목적지는 신앙이다. 그러나 당신은 그 길을 모르고 있다. 당신은 불신앙을 치유하고 싶어하며 그 치료법을 묻고 있다. 당신처럼 방해를 받았던 사람들, 그러나 지금은 가진 것을 다 걸고 보증하는 사람들에게 배우라. 이 사람들이 당신이 구하는 길을 알고 있는 사람들이다. 그들은 당신이 고치고자 하는 질병에서 치유된 사람들이다. 그들을 따르고 그들이 한 것처럼——(교회 출석 그리고 그밖의 실천으로) **믿는 것처럼 행동함으로써**——시작하라. 자연히 그 행동 자체가 당신을 믿도록 만들 것이며, 당신을 훈련시킬 것이다.[56]

"당신을 훈련시킬 것이다." 이 문장에서 파스칼이 원래 사용한 동사는 abêtir이며, 그 문자적 의미는 '짐승처럼 길들이다'이다. 이 단어로 인해 일부 비평가들은 마치 파스칼이 비판적 합리성을 궤멸하라는 창피스러운 처방을 우리에게 내리고 있는 듯이 생각하였다. 사실 그 바탕이 되는 개념은 훨씬 더 미묘한 것이다. 그것은

---

56) Blaise Pascal, *Pensées*(〈Thoughts〉)(1670), ed. L. Lafuma(Paris: Seuil, 1962), no. 418(trans. J. Cottingham, 강조 첨가). 전체 내용에 대한 논의는 Ward E. Jones, 〈Religious Conversion, Self-Deception and Pascal's Wager〉, *Journal of the History of Philosophy*, 36:2(April 1998) 참조.

(아리스토텔레스로 거슬러 올라가는) 오랜 개념이며, 바라는 목적을 향하는 방법의 일부로서 감정의 훈련과 습관화를 말하는 것이다. 아리스토텔레스는 우리가 어린아이일 때 덕성 훈련을 받음으로써 유덕한 성인이 된다고 하였다. 그리하여 자연스럽고 자동적으로 상황에 적절한 바른 감정(예를 들어 용기나 관용)을 느끼게 된다고 하였다.[57] 원하는 목적을 향하는 길에서 어린아이들을 인도할 때 처음부터 합리적 설명으로 설득하면서 인도하는 것은 아니다. 어린아이들은 적절한 이성적 평가를 할 수 있는 위치에 있지 않기 때문이다. 오히려 그 필수적인 행동이 제2의 본성이 될 때까지 그들을 훈련시키고 그들의 감정과 행동을 형성해 주면서 인도하는 것이다.

가수가 그 목소리를 단련하고, 테니스 선수가 서브에 대처하는 방법을 훈련하는 것처럼 감정을 훈련한다는 것이 비판적 합리성을 포기한다는 의미는 아닐 것이다. 그 훈련의 목적이 합리적으로 변호될 수 있고, 모든 관련자들에게 참으로 유익하기 때문이다. 종교적 믿음에 찬성하는 합리적(거의 실리적) 논증이 가능하며, 그 논증은 종교 생활의 혜택에 달려 있다는 것이 파스칼의 입장이다. 파스칼이 실제적으로 집중한 혜택들은 내세적인 것들이었다. 그는 내세에서의 무한한 보상이 비록 멀다고 해도 그 보상을 받을 가능성은 종교적 삶을 사는 데 따르는 희생을 치를 만한 가치가 있다는 유명한 내기를 전개한다. 그의 많은 독자들은 이 있는 그대로의 이기적 계산이 영적 구원이라는 개념 그 자체와 불쾌한 불협화음을 이룬다고 보았다. 그러나 우리는 다행스럽게도 이 계산적 윤

---

57) Aristotle, *Nicomachean Ethics*, Book II, Ch. 1.

리성에 대해 깊이 들어가지 않아도 된다. 우리가 지금까지 강조한 영적 삶의 혜택들은(앞의 소단락 '영성과 내적 변화' 참조) 다음에 올 보상으로 첨가된 동기부여용 당근이 아니라, 그 삶의 추종자들이 실제로 살아온 삶의 가치에 본질적으로 연결된 명백한 선(善)들이기 때문이다. 이 선들은 영혼에 대한 배려, 마음의 평온, 이기주의와 물욕이라는 거짓된 추구에서의 해방, 삶의 신비에 대한 보다 밀접한 자각, 삶의 심오함과 그 축복에 대한 확신 등이다.

영성의 길의 혜택에 대한 강조와 더불어 파스칼 전략의 둘째 핵심 요소는 종교적 자세의 관건으로 지성이 아니라 열정(혹은 감정)을 주장한다는 것이다. 여기에서 다시 한번 상기되는 것은 여러 측면에서 파스칼 접근법의 후계자로 생각되는 비트겐슈타인의 종교 개념이다. 즉 종교적 신앙은 합리적이지도 불합리적이지도 않은 **합리성 이전의 것**이며,[58] 삶에 대한 '열정적 헌신'이나 자세로서의 교리에 대한 지성적 동의와는 별 상관이 없다는 것이다.[59]

그러므로 이 글에서 채택하는 파스칼의 핵심적 주장은 다음과 같다. 첫째, 영적 삶에 따르는 분명한 혜택들이 있다. 둘째, 영적 삶의 버팀목이 되는 형이상학적 교리들은 합리적 지식 범위 내의 문제들과는 관련하지 않는다. 셋째, 적절한 관례들을 채택함으로써 합리적 확신이 선행되어야 할 필요성을 없애 줄 열성적 헌신이 생성될 것이기 때문에, 합리적 지식 범위 내에 있지 않은 형이상

---

58) L. Wittgenstein, *Lectures and Conversations on Aesthetics, Psychology and Religious Belief*(1936-8), ed. C. Barrett(Oxford: Blackwell, 1966), pp.58-9.
59) Wittgenstein, *Culture and Value*, ed. G. H. von Wright, trans. P. Winch (Oxford: Blackwell, 1980), pp.64, 85.

학적 교리들에 대해서는 지나치게 걱정할 필요가 없다.

종교적 삶의 인지적 요소에 대한 이 호방한 태도가 많은 철학자들에게는 극히 피하고 싶은 문제일 것이다. 더욱이 실천이 우선한다는 주장은 이론과 실천의 바른 관계를 전도시키는 것으로 생각될 수도 있다. 따라서 비트겐슈타인 비평가들 중 한 명은 "예를 들어 어떤 의식에서, 종교적 관례가 종교 교리에 내용을 부여한다고 말하는 것은 문제가 있다. 왜냐하면 교리 자체가 그 관례의 버팀목이 된다고 전제되기 때문이다"라고 말하였다.[60] 나는 종교적 관례가 교리에 **내용**을 부여한다고 가정하는 것이 타당하지 않다는 것에는 동의한다. 그러나 이 글에서 지지하는 실천의 중요성이라는 개념은 이와는 다른 측면에서 이해되어야 한다. 가장 중요한 요점은, 그것을 겪는 사람들에게 혜택이 된다고는 전혀 인정할 수 없는 인간적 고난에 대해 영적 실천은 실존적 그리고 도덕적으로 응답한다는 것이다. 그리고 오직 적절한 삶의 형식에 대한 열성적 헌신이라는 맥락 **내에서만** 그러한 실존적·도덕적 응답이 제대로 개발될 수 있다고 할 때, 파스칼의 방법을 취하여 위험을 감내하고, 점차적으로 적절한 관례들을 스스로 배워 나가는 것이 무미건조한 인지적 초연함이라는 불만스러운 입장에서 문외한으로 남아 있는 것보다는 더 합당하다고 할 수 있다.

이제 식사 기도라는 상당히 평범한 영적 관례의 예를 들면서 이 소단락을 마치기로 하겠다. 카스는 20세기 후반 《배고픈 영혼: 식사와 인간 본성의 완성》이라는 에세이를 통해 나의 입장을 대변하

---

60) H.-J. Glock, *A Wittgenstein Dictionary*(Oxford: Blackwell, 1996), p.323.

고 있다:

　　우리 인간은 아름다움과 질서 (…) 사교와 우정 (…) 노래와 예배를 기뻐한다. 그리고 자의식이 있는 존재로서, 우리는 자신에 대한 이해와 특히 전체 세계에서 우리가 차지하는 위치에 대해 알고자 갈망한다……. 식탁에서 하는 식사는 이 세계의 모든 지배적 특징들, (…) 그리고 이 세계의 신비한 근원에 대해 동시에 응답할 수 있게 해주는 문화 형식이다……. 텔레비전 앞에서 식사하는 것은 음식을 사료로 바꾸어 버린다. 음식을 게걸스럽게 먹는 것은 그것을 마련한 인간의 노력을 손상시키며, 또한 우리를 위해 희생된 식물과 동물의 명예를 손상시키는 것이다……. 현대인들은 인공물과 비현실성의 볼모로 잡혀 있다. 따라서 우리가 특히 기억해야 할 것은 화덕 주위로 따뜻한 가정이 이루어지며, 아직도 음식을 준비하고 서로 나누는 것이 참된 가정 생활에 이바지한다는 것, 그리고 식사에 손님을 초대하여 대접하는 것이 우정을 자라게 한다는 사실이다. 식사를 앞에 한 축복은 아직도 세상에 대한 올바른 태도를 길러 준다. 세상의 은혜롭고 관대한 선물이 받을 공로가 없는 우리에게 주어진다……. 물질주의자의 인생관은 비록 식탁에 빵을 올릴 수 있을지라도 먹는다는 것이 무엇을 **의미하는지**를 이해하게 해주지는 못한다……. 식사의 보다 깊은 의미를 회복할 때 (우리는) (…) 가난하게 산다는 것이 불명예가 아니요, 우리의 곧은 구현이 우리로 하여금 아름다움 · 선함 · 참됨 그리고 거룩함으로 향하도록 만든다는 것을 알게 된다.[61]

식사에 보다 영적으로 접근하자는 카스의 호소에 어떤 힘과 울림이 있다는 것을 정직한 독자라면 어렵지 않게 인정하리라고 생각한다. 그렇다고 하더라도 여기서의 요점은 모두 식사의 교제와 정성의 중요성에 대한 갖가지 도덕적 그리고 심미적 주장들로 환원되며, 그 주장들은 식사 기도와 같은 영적 부속물이 없더라도 충분히 인정될 수 있다고 세속주의자들은 주장할 수 있다. 현실적으로 이 환원주의는 상징적 책임이 있는 영적 관례에는 그 어떤 것에도(방향은 다르지만 문학적 · 음악적, 혹은 다른 창조적 실천에도 마찬가지로) 전혀 적합하지 않다. 관련된 행위들은 부속물이나 공허한 제스처에 불과한 것이 아니며, (카스가 함축한 것처럼) 반성적 자각과 정서적 응답의 매개체가 되는 집중 훈련이다. 만약 이 매개체를 제거한다면, 지금 하고 있는 일의 보다 깊은 의미와 가치에 도달하는 길을 잃고 마는 위험이 있다. 이것은 식사 기도와 같은 일상적 의식과 (세례식 · 성인식 · 결혼식 · 장례식 등의) 인생의 중요한 통과 의식에 다같이 해당된다. 영성의 관례들은 깊은 응답이라는 울림을 생성해 주며, 과학적 합리주의나 그와 관련된 세속 윤리 체계의 메마른 언어로는 그 깊은 응답을 전혀 재현해 낼 수 없다.

영성 실천의 길을 가야 한다는 파스칼의 제안에서는 분석적 합리주의 세계관에서는 전혀 찾을 수 없는 그런 차원의 삶의 의미를 발견한다는 희망을 제공하고 있다. 그러나 지적 응답에 상대되는 정서적 응답과 실천에 대해 강조하고 있음에도 불구하고 여기에 어떤 절대적 교착 상태나 갈등이 있는 것은 아니다. 이것은 합리성

---

61) L. R. Kass, *The Hungry Soul: Eating and the Perfecting of Our Nature*(New York: Macmillan, 1994), pp.228-31.

을 의도적으로 침묵시키거나 거부하는 문제가 아니기 때문이다. 영성의 실천이 어느 정도의 신앙, 즉 우리의 인지 능력을 초월하는 그 무엇을 인정하는 기꺼움을 어느 정도 요구한다면, 그러한 신앙은 칸트의 표현대로 '이성의 요구'에서 발생한다고 설명하여도 적절하다.[62] 칸트에 의하면 우리는 하나님을 증명할 수(혹은 반증할 수) 없다. 그러나 만약 '그 바탕이 공허하고 아무 목적이 없는 개념'을 얻으려 애쓰고 있다고 생각한다면, 그 개념에 삶을 헌신하는 것이 인간적으로 불가능할 것이다. 그런 이유에서 "의로운 사람이 '나는 하나님이 있기를 바란다……. 나는 이 신앙을 굳게 따를 것이며, 아무도 이 신앙을 나에게서 가져가지 못하게 할 것이다' 라고 말하는 것은 타당하다."

여기서의 호소는 그 연약함과 유한성 속에서 살아남기 위해 인간이 필요로 하는 것은 합리적 과학 분석이 드러낸 관련 현상 그 너머의 세계에 대해 응답하는 양식이라는 것을 인정해야 한다는 것이다. 게다가 그러한 응답 양식은 정리적 내용의 인지적 분석으로는 충분히 표현할 수 없는 가치와 울림이 있는 **관례들**을 통해 특징적으로 설명된다. 비트겐슈타인은 괴테의 **"태초에 행동이 있었다(Im Anfang war die Tat)"**는 구절을 인용하기 좋아했다. 그는 또한 자신의 초기 걸작 《트랙타투스》의 마지막 문장에서 "우리가

---

62) ⟨Bedürfnis der Vernunft⟩, *Critique of Practical Reason*(*Kritik der Practischen Vernunft*, 1788), Part I, Book II, Ch. 2, §viii, in *Kant's gesammelte Schriften* (Akademie edn, Berlin: Reimer/De Gruyter, 1900), 5:141, trans. T. K. Abbott, *Critique of Practical Reason*(London: Longmans, 1873; 6th edn 1909), pp.240ff. Kant의 신앙관에 대해서는 Alan Wood, ⟨Rational theology, moral faith and reason⟩ in P. Guyer(ed.), *The Cambridge Companion to Kant*(Cambridge: Cambridge University Press, 1992), Ch. 13, pp.404-5 참조.

말할 수 없는 것은 조용히 간과해야만 한다"고 경고하였다. 그 문장을 달리 바꾸어 보면 '말할 수 없는' 영역은 **영성의 실천을 통해** 다루어져야만 한다고 말할 수 있을 것이다.[63]

꼬리말: 의미에 대한 암시

옥수수는 동방의 불멸의 밀이었다. 결코 추수되어서는 안 되었으며, 씨가 뿌려지지도 않았다. 나는 옥수수가 영원에서 영원까지 서 있다고 생각하였다. 길가의 먼지와 돌들은 황금처럼 고귀하였다……. 청년들은 반짝이고 빛나는 천사들이었고, 처녀들은 오묘한 빛과 아름다움이 있는 천상의 작품이었다…! 낮의 빛 안에 영원이 드러났으며, 모든 사물 뒤에 있는 무한의 존재가 나타나 나의 기대와 더불어 말하고 나의 욕망을 움직였다.

토머스 트러헌[64]

베르나르[65]는 교육은 인간을 유식하게 만들고, 감정은 인간을 지혜롭게 만든다고 하였다.[66] 박학다식과 총명함의 발휘에 그 생계

---

63) 'Wovon man nicht sprechen kann, dar berümußman schweigen' (Wittgenstein, *Tractatus Logico-Philosophicus*(1921), proposition 7), 제안대로 변경하자면, '……davon mußman handeln'이 될 것이다.
64) Thomas Traherne, 〈The Third Century〉(c. 1670), §3, in *Centuries, Poems and Thanksgivings*, ed. H. M. Margoliouth(Oxford: Oxford University Press, 1958), vol. 1, p.111. Quoted in J. V. Taylor, *The Christlike God*(London: SCM, 1992), p.33.
65) Bernard of Clairvaux(1090-1153): 프랑스의 성직자. [역주]

가 달려 있는 유식한 학자들은 종교와 삶의 의미에 대한 모든 문제들이 서재나 세미나실에서 대답할 수 있는 문제인 것처럼 행동할 수도 있다. 그러나 영성의 실천에서 오는 계시는 합리적 논의만으로는 접근할 수 없는 것이다. 고립된 합리성의 입장을 취하는 시간 동안 관련된 경험들을 할 수 없기 때문이다.

접근한다는 것은 **평가한다**는 것과는 다르다. 우리가 합리적 분석을 통해 영적 계시에 접근하지는 못한다고 하였지만, 그것이 철학이나 비판적 합리성이 영성의 길을 통한 의미 추구에 대해 말할 것이 아무것도 없다는 뜻은 아니다. 철학은 인간 조건의 일부가 되는 경험들을 모두 참작해야 할 책임이 있기 때문이다. 비록 신성(神性)에 대한 주장들이 과학적 지식의 지평을 넘어서는 것일지라도, 영적 추구를 시작한다는 것이 '어둠 속의 도약'과 같은 것은 아니다. 우리의 인간적 깨달음에는, 심지어 일상의 다양성에 대한 깨달음에도 영적 가치들이 드러나는 경험들이——우리의 일상적 오감의 세계로 비쳐 내리고 있는 초월적 의미 세계를 감지할 수 있는 경험들이——분명히 포함되어 있다. 우리가 아름다움에 대해, 자연 세계의 아름다움에 대해 이해할 때가 그 한 예가 된다. 가을 나뭇잎 **색깔**을 보는 것과 같은 단순한 경험도 우리 주위의 세계가 놀라운 조화와 풍성함으로 울리고 있음을 드러내 준다. 그러한 경험은 대상들을 질적으로 계시해 주며, 그 계시의 양상은 분석철학

---

66) Bernard of Clairvaux, *Sermon on the Song of Songs*, v. 14 Quoted in Sarah Coakley, 〈Vision of the Self in Late Medieval Christianity〉, in M. McGhee(ed.), *Philosophy and the Spiritual Life*(Cambridge: Cambridge University Press, 1992), p.95.

자들 중에 가장 냉정한 철학자도 물리학의 언어로는 완전히 포착할 수 없다고 시인한 양상이다.[67] 윌리엄 블레이크[68]가 "모래 알갱이에서 세상을 보고 야생화에서 천국을 보라"고 하였을 때,[69] 철학자들이 '신비주의'라는 꼬리표로 폄하할 별스럽고 모순된 정신 상태를 옹호한 것은 아니었다. 오히려 어떤 인간도 솔직히 부인하지 못하는 그 어떤 것, 즉 워즈워스가 '시간의 점들(spots of time)'이라고[70] 부른 명징의 순간에 아름답고 의미 있게 변화된 세상을 볼 수 있는 우리의 능력을 지적해 주고 있다. 자연 세계에 대한 우리의 일상적 경험으로부터 블레이크와 워즈워스의 보다 사려 깊은 시적 묵상, 그리고 앞에서 인용한 트러헌[71]의 황홀한 비전, 즉 세상과 그곳에 사는 인간의 경이와 귀중함이 생생히 나타난 비전 사이에는 끊기지 않고 이어진 연속선이 뚜렷이 존재한다.

메마른 바위에 묻은 우연한 찌끼에 불과한 생명, 그 생명이 사는 황량하고 무의미한 우주라는 근대의 지배적 우주관은 우리 자신의 엉클어진 삶――공허한 콘크리트 폐기물인 지저분한 주차장, 부식해 가는 창고 담벼락의 스프레이페인트 낙서들, 사람들로

---

67) T. Nagel, *Mortal Questions*(Cambridge: Cambridge University Press, 1979), Ch. 12 참조. F. Jackson, 〈The Primary Quality View of Colour〉 in his *From Metaphysics to Ethics*(Oxford: Clarendon, 1998), Ch. 4와 대조.
68) William Blake(1757-1827): 영국의 시인이자 화가. 〔역주〕
69) William Blake, 〈Auguries of Innocence〉, from the Pickering manuscript(c. 1803).
70) 우리의 존재에는 뛰어난 탁월함으로
  쇄신의 미덕을 보유하는
  시간의 점들이 있다. 거기에서 (…) 우리의 정신은
  양분을 취하고 보이지 않게 교정된다.
          William Wordsworth, *Prelude*(1799; rev. 1805), Book XI.
71) Thomas Traherne(1637-1674): 영국 성공회의 성직자, 신비 시인. 〔역주〕

북적이는 사무실들——의 렌즈를 통해 본 비전이다. 우리 자신의 탐욕이 만들어 낸 더러움은 치워 버리자. 오존층을 찢어 놓는 제트 비행기의 끝없는 소음과 배기가스 안개는 치워 버리자. 스크린의 끊임없는 흔들림과 스피커의 시끄러운 소음은 치워 버리자. 대신 단 2-3세기 전 카날레토[72])가 포착한 명징한 장면들, 아니면 베르메르[73])의 투명한 실내로 되돌아가 아련하게 반짝이는 순수한 대기, 밝고 생생하며 참신한 색조의 일상적 대상들을 생각하자. 맑은 밤 모세가 시나이 사막의 장막에서 나와 별들로 빛나는 광휘의 하늘을 올려다보았을 때, 그 깨끗하고 순수한 정적, 그 놀라운 아름다움의 광채를 생각하자. **그것이** 우리의 세계이다. 우리 세계의 아름다움은 관찰자에 의해 '투영'된 것이 아니라, 우리 가슴에 불가항력적 반응을 불러일으키며 절대적으로 실재하는 것이다. 우리는 진리와 선에 응답하는 것처럼 우리를 고쳐시키고 빛으로 이끄는 힘을 가진 초월적이고 객관적 실재로서의 아름다움에 **응답한다**. 물론 흄 이후 많은 철학자들이 주장한 것처럼 그 객관성은 '자신을 확장'하거나 세상을 향해 자신의 감정을 투영하려는 정신적 경향에서 비롯된 환상일 수도 있다.[74]) 그러나 적어도 '투영'의 담론을 가장 적절하게 적용할 수 있는 것은 자연 세계의 측량할 수 없는 아름다움에 대한 우리의 자연스러운 기쁨과 경이가 **아니라** 의

---

72) Canaletto(1697-1768): 이탈리아의 화가. 〔역주〕
73) Vermeer(1632-1675): 네덜란드의 화가. 〔역주〕
74) "정신이 외부의 대상에게 자신을 펼치는 성향이 있다는 것은 일반적인 상식이다……." David Hume, *A Treatise of Human Nature*(1739-40), Book I, part 3, section xiv(ed. L. A. Selby-Brigge, rev. P. H. Nidditch, 2nd edn(Oxford: Clarendon, 1978), p.167).

미와 가치가 없는 황량한 우주에 대한 근대적 비전이다라는 사실은 고려해 볼 만한 가치가 있다. 이 투영은 우리가 고집스럽게 빛으로부터 멀어져 가면서 느끼는 혼란과 비통함에서 유래되었을지도 모른다. 줄기찬 불도저의 전진으로 지구 전체를 콘크리트로 뒤덮고 우리가 살고 있는 이 우주가 무의미한 돌무더기에 지나지 않다고 불평할 때, 우리가 느끼는 혼란과 비통함에서 그 투영이 유래되었을 것이다.

우리의 심미적 경험은 우리가 당면한 자기 지향적 관심사 바깥에 있는 가치 세계에 대해 암시해 준다. 그러나 트러헌과 같은 비전에서 표현된 경이를 '심미적'이라고 부르는 것은 어떤 의미에서 그 경이의 가치를 떨어뜨린다고 할 수 있다. 화랑에서 자신의 세련됨을 과시하는 나약한 미술평론가의 꾸민 감탄처럼 보이도록 만들 수가 있다. 사실 심미적 경이는 도덕적 의미로 충만하다. 이마누엘 칸트가 창조물 중 가장 경외감을 불러일으키는 두 개의 대상으로 우리 머리 위 별빛 가득한 밤하늘의 광휘와 우리 내부의 도덕법칙을 결부시킨 것은 전혀 우연이 아니다.[75] 트러헌의 옥수수 들판을 걸어가는 사람들의 아름다움, '천사'인 젊은이들과 '빛과 아름다움의 천상의 작품'인 처녀들의 아름다움은 그들의 인간적 가치에서 온다. 연약하고 죽을 수밖에 없으나 어쨌든 영원한 가치를 가진 개인들의 귀중함을 말하는 것이다. 그들의 연약함과 고통이라는 인간적 운명이—— '최상의 통찰력과 최상의 사랑을 모두 포함하는' ——공감과 이해를 깊게 하며, 결국 신비스럽게도 구속과

---

75) Immanuel Kant, *Critique of Practical Reason*, Conclusion(Akademie edn. 5: 161(trans. T. K. Abbott, p.260)).

거듭남의 은혜를 제공하는 능력이 있기 때문에 인간은 영원한 가치를 갖는다.

트러헌의 방식으로 세상을 보는 것은 주어진 사실에 대한 과학적 분석이라는 방식으로 보는 것이 아니며, 또한 그 사실들과 양립하지도 않는다. 삶의 의미와 매우 밀접하게 결부되어 있는 우리 경험의 도덕적 카테고리들은 난해하고 신비한 것들이 아니며, 오히려 우리가 세상에 인간적으로 존재하는 방법에서 분리될 수 없는 카테고리들이다. 그러나 분리될 수 없다고 자동적으로 성취되는 것도 아니다. 일이 잘못되어 갈 때,

> 인생은 단지 지나가는 그림자, 가련한 배우
> 그의 시간엔 무대 위에서 장한 듯 걷고 괴로워하지만
> 그후엔 아무도 들어 주지 않는다. 인생은
> 백치가 들려 주는 이야기. 소리와 분노로 가득하지만
> 아무런 …… 의미가 없다.[76]

맥베스의 지옥은 삶과 미래에 대한 깊은 절망이며, 그것은 모든 삶의 의미가 붕괴된다는 생생한 인식과 연결되어 있다. 다시 그의 절망은 그의 내부의 도덕적 붕괴, 즉 배신과 살인으로 가는 첫발을 떼게 한 탐욕과 야망에 항복한 것으로 인해 촉발되었다. 그 항복은 그에게 왕관을 주고 모든 문제를 해결해 줄 것으로 생각되었으나 결국은 윤리적 붕괴로 가는 첫발이었으며, '영원한 지옥불에

---

76) William Shakespeare, *Macbeth*(c. 1605) Act 5, scene 5.

이르는 꽃길'로 첫발을 내딛는 것이었다. 인간은 진리와 아름다움, 그리고 선이라는 객관적 가치들에 대해 응답하지 않고는 온전하고 건강한 삶을 살 수 없다. 인간이 그 객관적 가치들을 부인하거나 그 가치들을 자신의 이기적 목적에 종속시키려고 한다면, 의미가 사라지는 것을 보게 된다.

영성 훈련이 제공하는 종류의 초점이 없어도 이러한 가치들에 대해 체계적인 응답 자세를 갖출 수 있는 사람들이 있을 수 있다. 그러나 '혼자 힘으로 가는' 전략은 많은 문제가 있다는 것이 이 책의 주장이다. 우리는 스스로의 가치들을 창조할 수 없다. 그리고 단지 스스로의 목적을 창안하는 것으로는 의미를 얻을 수 없다. 세상의 아름다움에서 경이와 환희를 느낄 수 있는 인간적 능력을 체계적으로 배양하는 것, 동정과 공감, 그리고 타인과의 합리적 대화에 대한 도덕적 감수성을 개발하는 것에 우리 본성의 실현이 달려 있다. 그러나 연약함이라는 인간적 조건 때문에 우리는 스스로 선을 지향하겠다는 합리적 결심 그 이상의 것이 필요하다. 우리는 선의 절대적 탄력성에 대한 믿음으로 우리를 지탱해야 할 필요가 있다. 우리는 소망의 빛 안에서 살아야 될 필요가 있다.[77] 그러한 믿음과 소망은, 그 믿음과 소망을 불러일으키는 사랑처럼 과학적으로 확인된 지식의 영역 내에 자리잡고 있는 것이 아니다. 그러나 영성 훈련을 배양함으로써 우리가 그 믿음과 소망을 얻는다고 믿을 근거는 있다. 삶에서는 아무것도 보장되지 않는다. 그러

---

77) 이 구절은 Jane Waterworth의 논문 제목, 〈Living in the Light of Hope〉 (Umea University, 2001)에서 따왔다. 그러나 Waterworth의 목적은 이 개념의 세속적 설명을 제공하는 것임을 덧붙인다.

나 만약 우리가 걷고 있는 길이 선한 영성의 길이 그러하듯이 올바른 행동과 자기 발견, 그리고 타인에 대한 존중으로 이르는 길이라면 그때 우리가 잃을 것은 아무것도 없다. 그리고 만약 종교의 주장이 참이라면, 그때 우리는 모든 것을 얻는다. 삶에 의미가 있는 것처럼 행동할 때 감사하게도 진정 삶에 의미가 있음을 발견할 것이기 때문이다.

색 인

고갱 Gauguin, Paul 46,50
괴테 Goethe, Johann Wolfgang von 145
《그리스도와 함께 있음을 기뻐하라 Rejoice in the Lamb》 73
뉴턴 Newton, Sir Isaac 20,94
니체 Nietzsche, Friedrich 27,28,29,30, 31,32,35,36,52
다윈 Darwin, Charles Robert 66,77,90
데카르트 Descartes, René 18,19,20,69, 76,86,93,94
도스토예프스키 Dostoevskii, Fydor Mikhailovich 26
도킨스 Dawkins, Richard 30
《두이노의 비가 Duineser Elegien》 117
디킨스 Dickens, Charles 51
라이프니츠 Leibniz, Gottfried Wilhelm 14,63,64,65,77,85,89
레이븐 Raven, Simon 45
로크 Locke, John 86
릴케 Rilke, Rainer Maria 117
마호메트 Mahomet 7
《멋진 신세계 Brave New World》 123
모차르트 Mozart, Wolfgang Amadeus 129
《문명과 이에 대한 불만들 Das Unbehagen in der Kultur》 24
바르트 Barth, Karl 74
바울 Paul, The Apostle 83,111,112, 130,131,133

벌린 Berlin, Sir Isaiah 37
베르길리우스 Virgilius Maro, Publius 104
베르나르 Bernard of Clairvaux 146
베르메르 Vermeer, Jan 149
볼테르 Voltaire 64
브리튼 Britten, Edward Benjamin 73
블레이크 Blake, William 148
비트겐슈타인 Wittgenstein, Ludwig Josef John 12,16,112,141,142,145
사르트르 Sartre, Jean-Paul 23
소크라테스 Socrates 33
쇼펜하우어 Schopenhauer, Arthur 80, 81,97
스마트 Smart, Christopher 73,74,75
스피노자 Spinoza, Benedict 63,64,78
《시시포스의 신화 Le Mythe de Sisyphe》 107
아리스토텔레스 Aristoteles 13,17,18, 52,115,120,121,135,140
아우구스티누스 Augustinus, Aurelius 69,85,117
아우렐리우스 Aurelius, Marcus 61,62
아인슈타인 Einstein, Albert 20,23
아퀴나스 Aquinas, Thomas 73,138
《암흑의 한가운데 Heart of Darkness》 99
《애덤 비드 Adam Bede》 128
에피쿠로스 Epicouros 76
엘리엇 Eliot, George 126,128
엘리엇 Eliot, Thomas Stearns 58
애덤스 Adams, Douglas 12,13

예이츠 Yeats, William Bulter 32,34
워즈워스 Wordsworth, William 95,96, 148
《인 메모리엄 In Memoriam》 66
《즐거운 지식 Die Fröhliche Wissenschaft》 28
카날레토 Canaletto 149
카뮈 Camus, Albert 107,108
칸트 Kant, Immanuel 21,48,49,137,138, 145,150
《캉디드 Candide》 64
케인스 Keynes, John Maynard 117
코페르니쿠스 Copernicus, Nicolaus 60,62,63
콘래드 Conrad, Joseph 99
테니슨 Tennyson, Alfred 66,80,81,82,91

톨스토이 Tolstoi, Lev Nikolaevich 51
트러헌 Traherne, Thomas 146,148,150,151
파스칼 Pascal, Blaise 55,57,59,60,61,62, 138,139,140,141,142,144
《팡세 Pensées》 55
프로이트 Freud, Sigmund 24,25,42
프로타고라스 Protagoras 33,34,35
하우스먼 Housman, Alfred Edward 15,61
하이데거 Heidegger, Martin 13,116,117
헉슬리 Huxley, Aldous 122,123
호킹 Hawking, Stephen William 16,20
흄 Hume, David 19,20,48,49,96,149

강혜원
연세대학교 영문과 졸업
미국 오리건대학교 대학원 졸업, 언어학 석사
《신학이란 무엇인가》 공역

문예신서
287

삶의 의미

초판발행 : 2005년 1월 20일

東 文 選

제10-64호, 78. 12. 16 등록
110-300 서울 종로구 관훈동 74
전화 : 737-2795

편집설계 : 李姃旻

ISBN 89-8038-520-X 94100
ISBN 89-8038-000-3 (문예신서/세트)

【東文選 現代新書】

1 21세기를 위한 새로운 엘리트	FORESEEN 연구소 / 김경현	7,000원
2 의지, 의무, 자유 — 주제별 논술	L. 밀러 / 이대희	6,000원
3 사유의 패배	A. 핑켈크로트 / 주태환	7,000원
4 문학이론	J. 컬러 / 이은경·임옥희	7,000원
5 불교란 무엇인가	D. 키언 / 고길환	6,000원
6 유대교란 무엇인가	N. 솔로몬 / 최창모	6,000원
7 20세기 프랑스철학	E. 매슈스 / 김종갑	8,000원
8 강의에 대한 강의	P. 부르디외 / 현택수	6,000원
9 텔레비전에 대하여	P. 부르디외 / 현택수	7,000원
10 고고학이란 무엇인가	P. 반 / 박범수	8,000원
11 우리는 무엇을 아는가	T. 나겔 / 오영미	5,000원
12 에쁘롱—니체의 문체들	J. 데리다 / 김다은	7,000원
13 히스테리 사례분석	S. 프로이트 / 태혜숙	7,000원
14 사랑의 지혜	A. 핑켈크로트 / 권유현	6,000원
15 일반미학	R. 카이와 / 이경자	6,000원
16 본다는 것의 의미	J. 버거 / 박범수	10,000원
17 일본영화사	M. 테시에 / 최은미	7,000원
18 청소년을 위한 철학교실	A. 자카르 / 장혜영	7,000원
19 미술사학 입문	M. 포인턴 / 박범수	8,000원
20 클래식	M. 비어드·J. 헨더슨 / 박범수	6,000원
21 정치란 무엇인가	K. 미노그 / 이정철	6,000원
22 이미지의 폭력	O. 몽젱 / 이은민	8,000원
23 청소년을 위한 경제학교실	J. C. 드루엥 / 조은미	6,000원
24 순진함의 유혹 [메디시스賞 수상작]	P. 브뤼크네르 / 김웅권	9,000원
25 청소년을 위한 이야기 경제학	A. 푸르상 / 이은민	8,000원
26 부르디외 사회학 입문	P. 보네위츠 / 문경자	7,000원
27 돈은 하늘에서 떨어지지 않는다	K. 아른트 / 유영미	6,000원
28 상상력의 세계사	R. 보이아 / 김웅권	9,000원
29 지식을 교환하는 새로운 기술	A. 벵토릴라 外 / 김혜경	6,000원
30 니체 읽기	R. 비어즈워스 / 김웅권	6,000원
31 노동, 교환, 기술 — 주제별 논술	B. 데코사 / 신은영	6,000원
32 미국만들기	R. 로티 / 임옥희	10,000원
33 연극의 이해	A. 쿠프리 / 장혜영	8,000원
34 라틴문학의 이해	J. 가야르 / 김교신	8,000원
35 여성적 가치의 선택	FORESEEN연구소 / 문신원	7,000원
36 동양과 서양 사이	L. 이리가라이 / 이은민	7,000원
37 영화와 문학	R. 리처드슨 / 이형식	8,000원
38 분류하기의 유혹 — 생각하기와 조직하기	G. 비뇨 / 임기대	7,000원
39 사실주의 문학의 이해	G. 라루 / 조성애	8,000원
40 윤리학—악에 대한 의식에 관하여	A. 바디우 / 이종영	7,000원
41 흙과 재 [소설]	A. 라히미 / 김주경	6,000원

42	진보의 미래	D. 르쿠르 / 김영선	6,000원
43	중세에 살기	J. 르 고프 外 / 최애리	8,000원
44	쾌락의 횡포·상	J. C. 기유보 / 김웅권	10,000원
45	쾌락의 횡포·하	J. C. 기유보 / 김웅권	10,000원
46	운디네와 지식의 불	B. 데스파냐 / 김웅권	8,000원
47	이성의 한가운데에서―이성과 신앙	A. 퀴노 / 최은영	6,000원
48	도덕적 명령	FORESEEN 연구소 / 우강택	6,000원
49	망각의 형태	M. 오제 / 김수경	6,000원
50	느리게 산다는 것의 의미·1	P. 쌍소 / 김주경	7,000원
51	나만의 자유를 찾아서	C. 토마스 / 문신원	6,000원
52	음악적 삶의 의미	M. 존스 / 송인영	근간
53	나의 철학 유언	J. 기통 / 권유현	8,000원
54	타르튀프/서민귀족〔희곡〕	몰리에르 / 덕성여대극예술비교연구회	8,000원
55	판타지 공장	A. 플라워즈 / 박범수	10,000원
56	홍수·상〔완역판〕	J. M. G. 르 클레지오 / 신미경	8,000원
57	홍수·하〔완역판〕	J. M. G. 르 클레지오 / 신미경	8,000원
58	일신교―성경과 철학자들	E. 오르티그 / 전광호	6,000원
59	프랑스 시의 이해	A. 바이양 / 김다은·이혜지	8,000원
60	종교철학	J. P. 힉 / 김희수	10,000원
61	고요함의 폭력	V. 포레스테 / 박은영	8,000원
62	고대 그리스의 시민	C. 모세 / 김덕희	7,000원
63	미학개론―예술철학입문	A. 셰퍼드 / 유호전	10,000원
64	논증―담화에서 사고까지	G. 비뇨 / 임기대	6,000원
65	역사―성찰된 시간	F. 도스 / 김미겸	7,000원
66	비교문학개요	F. 클로동·K. 아다-보트링 / 김정란	8,000원
67	남성지배	P. 부르디외 / 김용숙	개정판 10,000원
68	호모사피언스에서 인터렉티브인간으로	FORESEEN 연구소 / 공나리	8,000원
69	상투어―언어·담론·사회	R. 아모시·A. H. 피에로 / 조성애	9,000원
70	우주론이란 무엇인가	P. 코올즈 / 송형석	8,000원
71	푸코 읽기	P. 빌루에 / 나길래	8,000원
72	문학논술	J. 파프·D. 로쉬 / 권종분	8,000원
73	한국전통예술개론	沈雨晟	10,000원
74	시학―문학 형식 일반론 입문	D. 퐁텐 / 이용주	8,000원
75	진리의 길	A. 보다르 / 김승철·최정아	9,000원
76	동물성―인간의 위상에 관하여	D. 르스텔 / 김승철	6,000원
77	랑가쥬 이론 서설	L. 옐름슬레우 / 김용숙·김혜련	10,000원
78	잔혹성의 미학	F. 토넬리 / 박형섭	9,000원
79	문학 텍스트의 정신분석	M. J. 벨멩-노엘 / 심재중·최애영	9,000원
80	무관심의 절정	J. 보드리야르 / 이은민	8,000원
81	영원한 황홀	P. 브뤼크네르 / 김웅권	9,000원
82	노동의 종말에 반하여	D. 슈나페르 / 김교신	6,000원
83	프랑스영화사	J. -P. 장콜라 / 김혜련	8,000원

84	조와(弔蛙)	金敎臣 / 노치준·민혜숙	8,000원
85	역사적 관점에서 본 시네마	J. -L. 뢰트라 / 곽노경	8,000원
86	욕망에 대하여	M. 슈벨 / 서민원	8,000원
87	산다는 것의 의미·1—여분의 행복	P. 쌍소 / 김주경	7,000원
88	철학 연습	M. 아롱델-로오 / 최은영	8,000원
89	삶의 기쁨들	D. 노게 / 이은민	6,000원
90	이탈리아영화사	L. 스키파노 / 이주현	8,000원
91	한국문화론	趙興胤	10,000원
92	현대연극미학	M. -A. 샤르보니에 / 홍지화	8,000원
93	느리게 산다는 것의 의미·2	P. 쌍소 / 김주경	7,000원
94	진정한 모럴은 모럴을 비웃는다	A. 에슈고엔 / 김웅권	8,000원
95	한국종교문화론	趙興胤	10,000원
96	근원적 열정	L. 이리가라이 / 박정오	9,000원
97	라캉, 주체 개념의 형성	B. 오질비 / 김 석	9,000원
98	미국식 사회 모델	J. 바이스 / 김종명	7,000원
99	소쉬르와 언어과학	P. 가데 / 김용숙·임정혜	10,000원
100	철학적 기본 개념	R. 페르버 / 조국현	8,000원
101	맞불	P. 부르디외 / 현택수	10,000원
102	글렌 굴드, 피아노 솔로	M. 슈나이더 / 이창실	7,000원
103	문학비평에서의 실험	C. S. 루이스 / 허 종	8,000원
104	코뿔소 〔희곡〕	E. 이오네스코 / 박형섭	8,000원
105	지각—감각에 관하여	R. 바르바라 / 공정아	7,000원
106	철학이란 무엇인가	E. 크레이그 / 최생열	8,000원
107	경제, 거대한 사탄인가?	P. -N. 지로 / 김교신	7,000원
108	딸에게 들려 주는 작은 철학	R. 시몬 셰퍼 / 안상원	7,000원
109	도덕에 관한 에세이	C. 로슈·J. -J. 바레르 / 고수현	6,000원
110	프랑스 고전비극	B. 클레망 / 송민숙	8,000원
111	고전수사학	G. 위딩 / 박성철	10,000원
112	유토피아	T. 파코 / 조성애	7,000원
113	쥐비알	A. 자르댕 / 김남주	7,000원
114	증오의 모호한 대상	J. 아순 / 김승철	8,000원
115	개인—주체철학에 대한 고찰	A. 르노 / 장정아	7,000원
116	이슬람이란 무엇인가	M. 루스벤 / 최생열	8,000원
117	테러리즘의 정신	J. 보드리야르 / 배영달	8,000원
118	역사란 무엇인가	존 H. 아널드 / 최생열	8,000원
119	느리게 산다는 것의 의미·3	P. 쌍소 / 김주경	7,000원
120	문학과 정치 사상	P. 페티티에 / 이종민	8,000원
121	가장 아름다운 하나님 이야기	A. 보테르 外 / 주태환	8,000원
122	시민 교육	P. 카니베즈 / 박주원	9,000원
123	스페인영화사	J.- C. 스갱 / 정동섭	8,000원
124	인터넷상에서—행동하는 지성	H. L. 드레퓌스 / 정혜욱	9,000원
125	내 몸의 신비—세상에서 가장 큰 기적	A. 지오르당 / 이규식	7,000원

126	세 가지 생태학	F. 가타리 / 윤수종	8,000원
127	모리스 블랑쇼에 대하여	E. 레비나스 / 박규현	9,000원
128	위뷔 왕 〔희곡〕	A. 자리 / 박형섭	8,000원
129	번영의 비참	P. 브뤼크네르 / 이창실	8,000원
130	무사도란 무엇인가	新渡戶稻造 / 沈雨晟	7,000원
131	꿈과 공포의 미로 〔소설〕	A. 라히미 / 김주경	8,000원
132	문학은 무슨 소용이 있는가?	D. 살나브 / 김교신	7,000원
133	종교에 대하여—행동하는 지성	존 D. 카푸토 / 최생열	9,000원
134	노동사회학	M. 스트루방 / 박주원	8,000원
135	맞불 · 2	P. 부르디외 / 김교신	10,000원
136	믿음에 대하여—행동하는 지성	S. 지제크 / 최생열	9,000원
137	법, 정의, 국가	A. 기그 / 민혜숙	8,000원
138	인식, 상상력, 예술	E. 아카마츄 / 최돈호	근간
139	위기의 대학	ARESER / 김교신	10,000원
140	카오스모제	F. 가타리 / 윤수종	10,000원
141	코란이란 무엇인가	M. 쿡 / 이강훈	9,000원
142	신학이란 무엇인가	D. 포드 / 강혜원 · 노치준	9,000원
143	누보 로망, 누보 시네마	C. 뮈르시아 / 이창실	8,000원
144	지능이란 무엇인가	I. J. 디어리 / 송형석	10,000원
145	죽음—유한성에 관하여	F. 다스튀르 / 나길래	8,000원
146	철학에 입문하기	Y. 카탱 / 박선주	8,000원
147	지옥의 힘	J. 보드리야르 / 배영달	8,000원
148	철학 기초 강의	F. 로피 / 공나리	8,000원
149	시네마토그래프에 대한 단상	R. 브레송 / 오일환 · 김경온	9,000원
150	성서란 무엇인가	J. 리치스 / 최생열	10,000원
151	프랑스 문학사회학	신미경	8,000원
152	잡사와 문학	F. 에브라르 / 최정아	10,000원
153	세계의 폭력	J. 보드리야르 · E. 모랭 / 배영달	9,000원
154	잠수복과 나비	J. -D. 보비 / 양영란	6,000원
155	고전 할리우드 영화	J. 나카시 / 최은영	10,000원
156	마지막 말, 마지막 미소	B. 드 카스텔바자크 / 김승철 · 장정아	근간
157	몸의 시학	J. 피죠 / 김선미	근간
158	철학의 기원에 관하여	C. 콜로베르 / 김정란	8,000원
159	지혜에 대한 숙고	J. -M. 베스니에르 / 곽노경	8,000원
160	자연주의 미학과 시학	조성애	10,000원
161	소설 분석—현대적 방법론과 기법	B. 발레트 / 조성애	10,000원
162	사회학이란 무엇인가	S. 브루스 / 김경안	근간
163	인도철학입문	S. 헤밀턴 / 고길환	근간
164	심리학이란 무엇인가	G. 버틀러 · F. 맥마누스 / 이재현	근간
165	발자크 비평	J. 줄레르 / 이정민	근간
166	결별을 위하여	G. 마츠네프 / 권은희 · 최은희	근간
167	인류학이란 무엇인가	J. 모나건 外 / 김경안	근간

168 세계화의 불안	Z. 라이디 / 김종명	8,000원
169 음악이란 무엇인가	N. 쿡 / 장호연	10,000원
170 사랑과 우연의 장난〔희곡〕	마리보 / 박형섭	10,000원
171 사진의 이해	G. 보레 / 박은영	근간
172 현대인의 사랑과 성	현택수	9,000원
173 성해방은 진행중인가?	M. 이아퀴브 / 권은희	근간
174 교육은 자기 교육이다	H. -G. 가다머 / 손승남	10,000원
175 밤 끝으로의 여행	L. -F. 쎌린느 / 이형식	19,000원
176 프랑스 지성인들의 '12월'	J. 뒤발 外 / 김영모	10,000원
177 환대에 대하여	J. 데리다 / 남수인	13,000원
300 아이들에게 설명하는 이혼	P. 루카스·S. 르로이 / 이은민	8,000원
301 아이들에게 들려주는 인도주의	J. 마무 / 이은민	근간
302 아이들에게 설명해 주는 죽음	E. 위스망 페렝 / 김미정	근간
303 아이들에게 들려주는 선사시대 이야기	J. 클로드 / 김교신	8,000원
304 아이들에게 들려주는 이슬람 이야기	T. 벤 젤룬 / 김교신	8,000원

【東文選 文藝新書】

1 저주받은 詩人들	A. 뻬이르 / 최수철·김종호	개정근간
2 민속문화론서설	沈雨晟	40,000원
3 인형극의 기술	A. 훼도토프 / 沈雨晟	8,000원
4 전위연극론	J. 로스 에반스 / 沈雨晟	12,000원
5 남사당패연구	沈雨晟	19,000원
6 현대영미희곡선(전4권)	N. 코워드 外 / 李辰洙	절판
7 행위예술	L. 골드버그 / 沈雨晟	절판
8 문예미학	蔡 儀 / 姜慶鎬	절판
9 神의 起源	何 新 / 洪 熹	16,000원
10 중국예술정신	徐復觀 / 權德周 外	24,000원
11 中國古代書史	錢存訓 / 金允子	14,000원
12 이미지 — 시각과 미디어	J. 버거 / 편집부	12,000원
13 연극의 역사	P. 하트놀 / 沈雨晟	절판
14 詩 論	朱光潛 / 鄭相泓	22,000원
15 탄트라	A. 무케르지 / 金龜山	16,000원
16 조선민족무용기본	최승희	15,000원
17 몽고문화사	D. 마이달 / 金龜山	8,000원
18 신화 미술 제사	張光直 / 李 徹	10,000원
19 아시아 무용의 인류학	宮尾慈良 / 沈雨晟	20,000원
20 아시아 민족음악순례	藤井知昭 / 沈雨晟	5,000원
21 華夏美學	李澤厚 / 權 瑚	20,000원
22 道	張立文 / 權 瑚	18,000원
23 朝鮮의 占卜과 豫言	村山智順 / 金禧慶	15,000원
24 원시미술	L. 아담 / 金仁煥	16,000원
25 朝鮮民俗誌	秋葉隆 / 沈雨晟	12,000원

26	神話의 이미지	J. 캠벨 / 扈承喜	근간
27	原始佛敎	中村元 / 鄭泰爀	8,000원
28	朝鮮女俗考	李能和 / 金尙憶	24,000원
29	朝鮮解語花史(조선기생사)	李能和 / 李在崑	25,000원
30	조선창극사	鄭魯湜	17,000원
31	동양회화미학	崔炳植	18,000원
32	性과 결혼의 민족학	和田正平 / 沈雨晟	9,000원
33	農漁俗談辭典	宋在璇	12,000원
34	朝鮮의 鬼神	村山智順 / 金禧慶	12,000원
35	道敎와 中國文化	葛兆光 / 沈揆昊	15,000원
36	禪宗과 中國文化	葛兆光 / 鄭相泓·任炳權	8,000원
37	오페라의 역사	L. 오레이 / 류연희	절판
38	인도종교미술	A. 무케르지 / 崔炳植	14,000원
39	힌두교의 그림언어	안넬리제 外 / 全在星	9,000원
40	중국고대사회	許進雄 / 洪熹	30,000원
41	중국문화개론	李宗桂 / 李宰碩	23,000원
42	龍鳳文化源流	王大有 / 林東錫	25,000원
43	甲骨學通論	王宇信 / 李宰碩	40,000원
44	朝鮮巫俗考	李能和 / 李在崑	20,000원
45	미술과 페미니즘	N. 부루드 外 / 扈承喜	9,000원
46	아프리카미술	P. 윌레뜨 / 崔炳植	절판
47	美의 歷程	李澤厚 / 尹壽榮	28,000원
48	曼茶羅의 神들	立川武藏 / 金龜山	19,000원
49	朝鮮歲時記	洪錫謨 外/李錫浩	30,000원
50	하 상	蘇曉康 外 / 洪熹	절판
51	武藝圖譜通志 實技解題	正 祖 / 沈雨晟·金光錫	15,000원
52	古文字學첫걸음	李學勤 / 河永三	14,000원
53	體育美學	胡小明 / 閔永淑	10,000원
54	아시아 美術의 再發見	崔炳植	9,000원
55	曆과 占의 科學	永田久 / 沈雨晟	8,000원
56	中國小學史	胡奇光 / 李宰碩	20,000원
57	中國甲骨學史	吳浩坤 外 / 梁東淑	35,000원
58	꿈의 철학	劉文英 / 河永三	22,000원
59	女神들의 인도	立川武藏 / 金龜山	19,000원
60	性의 역사	J. L. 플랑드렝 / 편집부	18,000원
61	쉬르섹슈얼리티	W. 챠드윅 / 편집부	10,000원
62	여성속담사전	宋在璇	18,000원
63	박재서희곡선	朴栽緖	10,000원
64	東北民族源流	孫進己 / 林東錫	13,000원
65	朝鮮巫俗의 硏究(상·하)	赤松智城·秋葉隆 / 沈雨晟	28,000원
66	中國文學 속의 孤獨感	斯波六郎 / 尹壽榮	8,000원
67	한국사회주의 연극운동사	李康列	8,000원

68	스포츠인류학	K. 블랑챠드 外 / 박기동 外	12,000원
69	리조복식도감	리팔찬	20,000원
70	娼 婦	A. 꼬르뱅 / 李宗旼	22,000원
71	조선민요연구	高晶玉	30,000원
72	楚文化史	張正明 / 南宗鎭	26,000원
73	시간, 욕망, 그리고 공포	A. 코르뱅 / 변기찬	18,000원
74	本國劍	金光錫	40,000원
75	노트와 반노트	E. 이오네스코 / 박형섭	20,000원
76	朝鮮美術史硏究	尹喜淳	7,000원
77	拳法要訣	金光錫	30,000원
78	艸衣選集	艸衣意恂 / 林鍾旭	20,000원
79	漢語音韻學講義	董少文 / 林東錫	10,000원
80	이오네스코 연극미학	C. 위베르 / 박형섭	9,000원
81	중국문자훈고학사전	全廣鎭 편역	23,000원
82	상말속담사전	宋在璇	10,000원
83	書法論叢	沈尹默 / 郭魯鳳	16,000원
84	침실의 문화사	P. 디비 / 편집부	9,000원
85	禮의 精神	柳 肅 / 洪 熹	20,000원
86	조선공예개관	沈雨晟 편역	30,000원
87	性愛의 社會史	J. 솔레 / 李宗旼	18,000원
88	러시아미술사	A. I. 조토프 / 이건수	22,000원
89	中國書藝論文選	郭魯鳳 選譯	25,000원
90	朝鮮美術史	關野貞 / 沈雨晟	30,000원
91	美術版 탄트라	P. 로슨 / 편집부	8,000원
92	군달리니	A. 무케르지 / 편집부	9,000원
93	카마수트라	바짜야나 / 鄭泰爀	18,000원
94	중국언어학총론	J. 노먼 / 全廣鎭	28,000원
95	運氣學說	任應秋 / 李宰碩	15,000원
96	동물속담사전	宋在璇	20,000원
97	자본주의의 아비투스	P. 부르디외 / 최종철	10,000원
98	宗敎學入門	F. 막스 뮐러 / 金龜山	10,000원
99	변 화	P. 바츨라빅크 外 / 박인철	10,000원
100	우리나라 민속놀이	沈雨晟	15,000원
101	歌訣(중국역대명언경구집)	李宰碩 편역	20,000원
102	아니마와 아니무스	A. 융 / 박해순	8,000원
103	나, 너, 우리	L. 이리가라이 / 박정오	12,000원
104	베케트연극론	M. 푸크레 / 박형섭	8,000원
105	포르노그래피	A. 드워킨 / 유혜련	12,000원
106	셸 링	M. 하이데거 / 최상욱	12,000원
107	프랑수아 비용	宋 勉	18,000원
108	중국서예 80제	郭魯鳳 편역	16,000원
109	性과 미디어	W. B. 키 / 박해순	12,000원

110	中國正史朝鮮列國傳(전2권)	金聲九 편역	120,000원
111	질병의 기원	T. 매큐언 / 서 일·박종연	12,000원
112	과학과 젠더	E. F. 켈러 / 민경숙·이현주	10,000원
113	물질문명·경제·자본주의	F. 브로델 / 이문숙 外	절판
114	이탈리아인 태고의 지혜	G. 비코 / 李源斗	8,000원
115	中國武俠史	陳 山 / 姜鳳求	18,000원
116	공포의 권력	J. 크리스테바 / 서민원	23,000원
117	주색잡기속담사전	宋在璇	15,000원
118	죽음 앞에 선 인간(상·하)	P. 아리에스 / 劉仙子	각권 8,000원
119	철학에 대하여	L. 알튀세르 / 서관모·백승욱	12,000원
120	다른 곳	J. 데리다 / 김다은·이혜지	10,000원
121	문학비평방법론	D. 베르제 外 / 민혜숙	12,000원
122	자기의 테크놀로지	M. 푸코 / 이희원	16,000원
123	새로운 학문	G. 비코 / 李源斗	22,000원
124	천재와 광기	P. 브르노 / 김웅권	13,000원
125	중국은사문화	馬 華·陳正宏 / 강경범·천현경	12,000원
126	푸코와 페미니즘	C. 라마자노글루 外 / 최 영 外	16,000원
127	역사주의	P. 해밀턴 / 임옥희	12,000원
128	中國書藝美學	宋 民 / 郭魯鳳	16,000원
129	죽음의 역사	P. 아리에스 / 이종민	18,000원
130	돈속담사전	宋在璇 편	15,000원
131	동양극장과 연극인들	김영무	15,000원
132	生育神과 性巫術	宋兆麟 / 洪 熹	20,000원
133	미학의 핵심	M. M. 이턴 / 유호전	20,000원
134	전사와 농민	J. 뒤비 / 최생열	18,000원
135	여성의 상태	N. 에니크 / 서민원	22,000원
136	중세의 지식인들	J. 르 고프 / 최애리	18,000원
137	구조주의의 역사(전4권)	F. 도스 / 김웅권 外 I·II·IV 15,000원 / III	18,000원
138	글쓰기의 문제해결전략	L. 플라워 / 원진숙·황정현	20,000원
139	음식속담사전	宋在璇 편	16,000원
140	고전수필개론	權 瑚	16,000원
141	예술의 규칙	P. 부르디외 / 하태환	23,000원
142	"사회를 보호해야 한다"	M. 푸코 / 박정자	20,000원
143	페미니즘사전	L. 터틀 / 호승희·유혜련	26,000원
144	여성심벌사전	B. G. 워커 / 정소영	근간
145	모데르니테 모데르니테	H. 메쇼닉 / 김다은	20,000원
146	눈물의 역사	A. 벵상뷔포 / 이자경	18,000원
147	모더니티입문	H. 르페브르 / 이종민	24,000원
148	재생산	P. 부르디외 / 이상호	23,000원
149	종교철학의 핵심	W. J. 웨인라이트 / 김희수	18,000원
150	기호와 몽상	A. 시몽 / 박형섭	22,000원
151	융분석비평사전	A. 새뮤얼 外 / 민혜숙	16,000원

152	운보 김기창 예술론연구	최병식	14,000원
153	시적 언어의 혁명	J. 크리스테바 / 김인환	20,000원
154	예술의 위기	Y. 미쇼 / 하태환	15,000원
155	프랑스사회사	G. 뒤프 / 박 단	16,000원
156	중국문예심리학사	劉偉林 / 沈揆昊	30,000원
157	무지카 프라티카	M. 캐넌 / 김혜중	25,000원
158	불교산책	鄭泰爀	20,000원
159	인간과 죽음	E. 모랭 / 김명숙	23,000원
160	地中海(전5권)	F. 브로델 / 李宗旼	근간
161	漢語文字學史	黃德實·陳秉新 / 河永三	24,000원
162	글쓰기와 차이	J. 데리다 / 남수인	28,000원
163	朝鮮神事誌	李能和 / 李在崑	근간
164	영국제국주의	S. C. 스미스 / 이태숙·김종원	16,000원
165	영화서술학	A. 고드로·F. 조스트 / 송지연	17,000원
166	美學辭典	사사키 겡이치 / 민주식	22,000원
167	하나이지 않은 성	L. 이리가라이 / 이은민	18,000원
168	中國歷代書論	郭魯鳳 譯註	25,000원
169	요가수트라	鄭泰爀	15,000원
170	비정상인들	M. 푸코 / 박정자	25,000원
171	미친 진실	J. 크리스테바 外 / 서민원	25,000원
172	디스탱숑(상·하)	P. 부르디외 / 이종민	근간
173	세계의 비참(전3권)	P. 부르디외 外 / 김주경	각권 26,000원
174	수묵의 사상과 역사	崔炳植	근간
175	파스칼적 명상	P. 부르디외 / 김웅권	22,000원
176	지방의 계몽주의	D. 로슈 / 주명철	30,000원
177	이혼의 역사	R. 필립스 / 박범수	25,000원
178	사랑의 단상	R. 바르트 / 김희영	20,000원
179	中國書藝理論體系	熊秉明 / 郭魯鳳	23,000원
180	미술시장과 경영	崔炳植	16,000원
181	카프카―소수적인 문학을 위하여	G. 들뢰즈·F. 가타리 / 이진경	18,000원
182	이미지의 힘―영상과 섹슈얼리티	A. 쿤 / 이형식	13,000원
183	공간의 시학	G. 바슐라르 / 곽광수	23,000원
184	랑데부―이미지와의 만남	J. 버거 / 임옥희·이은경	18,000원
185	푸코와 문학―글쓰기의 계보학을 향하여	S. 듀링 / 오경심·홍유미	26,000원
186	각색, 연극에서 영화로	A. 엘보 / 이선형	16,000원
187	폭력과 여성들	C. 도펭 外 / 이은민	18,000원
188	하드 바디―할리우드 영화에 나타난 남성성	S. 제퍼드 / 이형식	18,000원
189	영화의 환상성	J.-L. 뢰트라 / 김경온·오일환	18,000원
190	번역과 제국	D. 로빈슨 / 정혜욱	16,000원
191	그라마톨로지에 대하여	J. 데리다 / 김웅권	35,000원
192	보건 유토피아	R. 브로만 外 / 서민원	20,000원
193	현대의 신화	R. 바르트 / 이화여대기호학연구소	20,000원

194	중국회화백문백답	郭魯鳳	근간
195	고서화감정개론	徐邦達 / 郭魯鳳	30,000원
196	상상의 박물관	A. 말로 / 김웅권	26,000원
197	부빈의 일요일	J. 뒤비 / 최생열	22,000원
198	아인슈타인의 최대 실수	D. 골드스미스 / 박범수	16,000원
199	유인원, 사이보그, 그리고 여자	D. 해러웨이 / 민경숙	25,000원
200	공동 생활 속의 개인주의	F. 드 생글리 / 최은영	20,000원
201	기식자	M. 세르 / 김웅권	24,000원
202	연극미학―플라톤에서 브레히트까지의 텍스트들	J. 셰레 外 / 홍지화	24,000원
203	철학자들의 신	W. 바이셰델 / 최상욱	34,000원
204	고대 세계의 정치	모제스 I. 핀레이 / 최생열	16,000원
205	프란츠 카프카의 고독	M. 로베르 / 이창실	18,000원
206	문화 학습―실천적 입문서	J. 자일스·T. 미들턴 / 장성희	24,000원
207	호모 아카데미쿠스	P. 부르디외 / 임기대	근간
208	朝鮮槍棒教程	金光錫	40,000원
209	자유의 순간	P. M. 코헨 / 최하영	16,000원
210	밀교의 세계	鄭泰爀	16,000원
211	토탈 스크린	J. 보드리야르 / 배영달	19,000원
212	영화와 문학의 서술학	F. 바누아 / 송지연	22,000원
213	텍스트의 즐거움	R. 바르트 / 김희영	15,000원
214	영화의 직업들	B. 라트롱슈 / 김경온·오일환	16,000원
215	소설과 신화	이용주	15,000원
216	문화와 계급―부르디외와 한국 사회	홍성민 外	18,000원
217	작은 사건들	R. 바르트 / 김주경	14,000원
218	연극분석입문	J. -P. 링가르 / 박형섭	18,000원
219	푸코	G. 들뢰즈 / 허 경	17,000원
220	우리나라 도자기와 가마터	宋在璇	30,000원
221	보이는 것과 보이지 않는 것	M. 퐁티 / 남수인·최의영	30,000원
222	메두사의 웃음/출구	H. 식수 / 박혜영	19,000원
223	담화 속의 논증	R. 아모시 / 장인봉	20,000원
224	포켓의 형태	J. 버거 / 이영주	근간
225	이미지심벌사전	A. 드 브리스 / 이원두	근간
226	이데올로기	D. 호크스 / 고길환	16,000원
227	영화의 이론	B. 발라즈 / 이형식	20,000원
228	건축과 철학	J. 보드리야르·J. 누벨 / 배영달	16,000원
229	폴 리쾨르―삶의 의미들	F. 도스 / 이봉지 外	근간
230	서양철학사	A. 케니 / 이영주	29,000원
231	근대성과 육체의 정치학	D. 르 브르통 / 홍성민	20,000원
232	허난설헌	金成南	16,000원
233	인터넷 철학	G. 그레이엄 / 이영주	15,000원
234	사회학의 문제들	P. 부르디외 / 신미경	23,000원
235	의학적 추론	A. 시쿠렐 / 서민원	20,000원

236	튜링―인공지능 창시자	J. 라세구 / 임기대	16,000원
237	이성의 역사	F. 샤틀레 / 심세광	16,000원
238	朝鮮演劇史	金在喆	22,000원
239	미학이란 무엇인가	M. 지므네즈 / 김웅권	23,000원
240	古文字類編	高 明	40,000원
241	부르디외 사회학 이론	L. 핀토 / 김용숙·김은희	20,000원
242	문학은 무슨 생각을 하는가?	P. 마슈레 / 서민원	23,000원
243	행복해지기 위해 무엇을 배워야 하는가? A. 우지오 外 / 김교신		18,000원
244	영화와 회화: 탈배치	P. 보니체 / 홍지화	18,000원
245	영화 학습―실천적 지표들	F. 바누아 外 / 문신원	16,000원
246	회화 학습―실천적 지표들	F. 기블레 / 고수현	근간
247	영화미학	J. 오몽 外 / 이용주	24,000원
248	시―형식과 기능	J. L. 주베르 / 김경온	근간
249	우리나라 옹기	宋在璇	40,000원
250	검은 태양	J. 크리스테바 / 김인환	27,000원
251	어떻게 더불어 살 것인가	R. 바르트 / 김웅권	28,000원
252	일반 교양 강좌	E. 코바 / 송대영	23,000원
253	나무의 철학	R. 뒤마 / 송형석	29,000원
254	영화에 대하여―에이리언과 영화철학 S. 멀할 / 이영주		18,000원
255	문학에 대하여―행동하는 지성 H. 밀러 / 최은주		16,000원
256	미학 연습―플라톤에서 에코까지 임우영 外 편역		18,000원
257	조희룡 평전	김영회 外	18,000원
258	역사철학	F. 도스 / 최생열	23,000원
259	철학자들의 동물원	A. L. 브라 쇼파르 / 문신원	22,000원
260	시각의 의미	J. 버거 / 이용은	24,000원
261	들뢰즈	A. 괄란디 / 임기대	13,000원
262	문학과 문화 읽기	김종갑	16,000원
263	과학에 대하여―행동하는 지성 B. 리들리 / 이영주		근간
264	장 지오노와 서술 이론	송지연	18,000원
265	영화의 목소리	M. 시옹 / 박선주	20,000원
266	사회보장의 발견	J. 당즐로 / 주형일	근간
267	이미지와 기호	M. 졸리 / 이선형	22,000원
268	위기의 식물	J. M. 펠트 / 이충건	근간
269	중국 소수민족의 원시종교	洪 熹	18,000원
270	영화감독들의 영화 이론	J. 오몽 / 곽동준	22,000원
271	중첩	J. 들뢰즈·C. 베네 / 허희정	18,000원
272	대담―디디에 에리봉과의 자전적 인터뷰 J. 뒤메질 / 송대영		근간
273	중립	R. 바르트 / 김웅권	30,000원
274	알퐁스 도데의 문학과 프로방스 문화 이종민		16,000원
275	우리말 釋迦如來行蹟頌	高麗 無寄 / 金月雲	18,000원
276	金剛經講話	金月雲 講述	18,000원
277	자유와 결정론	O. 브르니피에 外 / 최은영	16,000원

278 도리스 레싱: 20세기 여성의 초상	민경숙	24,000원
279 기독교윤리학의 이론과 방법론	김희수	24,000원
280 과학에서 생각하는 주제 100가지	I. 스탕저 外 / 김응권	21,000원
281 말로와 소설의 상징시학	김웅권	22,000원
282 키에르케고르	C. 블랑 / 이창실	14,000원
283 시나리오 쓰기의 이론과 실제	A. 로슈 外 / 이용주	25,000원
284 조선사회경제사	白南雲 / 沈雨晟	30,000원
285 이성과 감각	O. 브르니피에 外 / 이은민	16,000원
286 행복의 단상	C. 앙드레 / 김교신	20,000원
287 삶의 의미	J. 코팅햄 / 강혜원	16,000원
1001 베토벤: 전원교향곡	D. W. 존스 / 김지순	15,000원
1002 모차르트: 하이든 현악 4중주곡	J. 어빙 / 김지순	14,000원
1003 베토벤: 에로이카 교향곡	T. 시프 / 김지순	18,000원
1004 모차르트: 주피터 교향곡	E. 시스먼 / 김지순	18,000원
1005 바흐: 브란덴부르크 협주곡	M. 보이드 / 김지순	18,000원
1006 바흐: B단조 미사	J. 버트 / 김지순	18,000원
2001 우리 아이들에게 어떤 지표를 주어야 할까?	J. L. 오베르 / 이창실	16,000원
2002 상처받은 아이들	N. 파브르 / 김주경	16,000원
2003 엄마 아빠, 꿈꿀 시간을 주세요!	E. 부젱 / 박주원	16,000원
2004 부모가 알아야 할 유치원의 모든 것들	N. 뒤 소수아 / 전재민	18,000원
2005 부모들이여, '안 돼'라고 말하라!	P. 들라로슈 / 김주경	19,000원
2006 엄마 아빠, 전 못하겠어요!	E. 리공 / 이창실	18,000원
3001 《새》	C. 파글리아 / 이형식	13,000원
3002 《시민 케인》	L. 멀비 / 이형식	13,000원
3101 《제7의 봉인》 비평 연구	E. 그랑조르주 / 이은민	17,000원
3102 《쥘과 짐》 비평 연구	C. 르 베르 / 이은민	18,000원
3103 《시민 케인》 비평 연구	J. 루아 / 이용주	15,000원

【기 타】

▨ 모드의 체계	R. 바르트 / 이화여대기호학연구소	18,000원
▨ 라신에 관하여	R. 바르트 / 남수인	10,000원
▨ 說 苑 (上·下)	林東錫 譯註	각권 30,000원
▨ 晏子春秋	林東錫 譯註	30,000원
▨ 西京雜記	林東錫 譯註	20,000원
▨ 搜神記 (上·下)	林東錫 譯註	각권 30,000원
■ 경제적 공포[메디치賞 수상작]	V. 포레스테 / 김주경	7,000원
■ 古陶文字徵	高 明·葛英會	20,000원
■ 그리하여 어느날 사랑이여	이외수 편	4,000원
■ 딸에게 들려 주는 작은 지혜	N. 레홀레이트너 / 양영란	6,500원
■ 노력을 대신하는 것은 없다	R. 쉬이 / 유혜련	5,000원
■ 노블레스 오블리주	현택수 사회비평집	7,500원
■ 미래를 원한다	J. D. 로스네 / 문 선·김덕희	8,500원

- 간접 체험을 통한 백(魄)강화법
- 종손에 적통 없다!
  Tip. 사춘기와 성인식(成人式)

제11장 어둠으로 돌아가라!

- 방은 작을수록 좋다!
- 큰 집에서 우울증, 자살 많아!
- 공부방도 작아야!
- 빛과 호르몬 분비
- 햇볕과 생식
- 달의 인력과 생식
- 도시형 인간의 비극!
- 건강의 가장 기본은 숙면
- 어둠에서 평안을!
- 빛 공해와 안경
- 빛(색)깔과 두뇌
- 색깔의 분별과 사유 능력
  Tip. 해와 달이 인간의 운명을 결정한다?

제12장 왜 명상하는가?

- 안락(安樂)에 병들고, 환락(歡樂)에 미치다!
- 참선(參禪), 명상(冥想), 묵상(黙想), 정좌(靜坐)
- 동중정(動中靜) 정중동(靜中動)
- 의문이 없으면 답도 없다!
  Tip. 귀 얇은 자가 잘 엎어진다!

혼백론 · 하

혼백과 귀신

제1부 귀신산책(鬼神散策)

- 귀(鬼)란 무엇인가?
- 신(神)이란 무엇인가?
- 혼(魂)과 백(魄)이 갈라서다!
- 혼백(魂魄)은 귀신(鬼神)이 아니다!
- 정말 용한 점쟁이!
- 환생(還生, 幻生), 믿어도 될까?
- 전이감응(轉移感應)!
- 윤회(輪廻), 정말 가능할까?
- 텔레파시(원격정신반응)와 외계인?
- 유체 이탈과 공중부양
- 의식 유영(遊泳)과 우주합일!
- 임사 체험과 사후 세계
- 저승길은 누가 안내하는가?

- 또 다른 나 '도플갱어'
- 구마(驅魔), 퇴마(退魔)의 원리
- 누가 구마(퇴마)사가 될 수 있는가?
- 귀신을 모르는 사람과는 못 논다!
- '신내림'이란 진실일까?
- 누가, 왜 무병(巫病)에 걸리는가?
- 성욕 해소가 안 되는 처녀!
- 억눌린 성욕으로 인한 혼백의 갈등!
- 성적 수치심과 욕망 해소!
- 접신(接神)이란 신장(神將)과의 섹스다!
- 한국의 무당은 왜 신장(神將)을 모시는가?
- 직감(直感), 직관(直觀), 직각(直覺)
- 뇌파(腦波)란 무엇인가
- 교감(交感), 감응(感應)
- 애니멀커뮤니케이터가 되려면?
- 인간은 왜 동물처럼 교감하지 못할까?
- 제3의 눈, 영안(靈眼)은 실재할까?
- 환각(幻覺)이란 가상 현실?
- 환각도 기억으로 만든다!
- 약물로도 수행이 가능할까?
- 독심술(讀心術)은 왜 밀려나는가?
- 최면술(催眠術)의 한계?
- 누가 귀신을 보는가?
- 귀신(鬼神) 만드는 법!
- 전설의 고향, '공동묘지 백여우'
- 혼(魂)을 빼고 넣는 법!
- 기공(氣功)과 명상으로 혼빼고 넣기
- 염화시중(拈華示衆)과 정기신(精氣神)
- 삼매(三昧)로 가는 길
- 태어난 달에 따라 직업이 결정된다?
- 체질(體質)과 일월(日月)은 무슨 상관?
- 왜 아직도 사주(四柱)인가?
- 인간의 운명, 보름이냐 그믐이냐?
- 당신의 운명은 순행인가, 역행인가?
- 귀신은 다 알고 있다!
- 인류가 감춰야만 했던 엄청 불편한 진실

제2부 왜 수행(修行)인가?

- 귀(鬼)와 신(神)이 갈라서다!
- 인간도 신(神)이 될 수 있을까?
- 수행은 말로 하는 것이 아니다!
- 판도라의 상자는 뇌(腦) 속에 있다!
- 마음의 복잡한 갈래
- 씻어낼 수 없는 감정의 불순물
- 왜 금욕(禁慾)해야 하는가?
- 편견투성이인 감정(感情)에 관련된 기억들
- 마음챙김(mindfulness)

귀신부리는 책
혼백론

인류 최초로 공개되는
혼백론(魂魄論), 귀신론(鬼神論)

만약 귀신(鬼神)이 없었다면, 신(神)이 없었다면 인류 문명은 지금 어떤 모습일까? 귀(鬼)는 무엇이고, 신(神)은 무엇인가? 인간의 정신(精神)은? 그리고 혼백은? 혼(魂)과 백(魄)은 같은가, 다른가? 영혼(靈魂), 혼령(魂靈), 심령(心靈), 정령(精靈)… 다 그게 그건가? 초문명의 시대, 이런 것 하나 제대로 정리도 안해 놓고 천당이니 지옥이니, 윤회니 해탈이니 하면서 무조건 엎드리라고만 하는데 과연 믿어도 될까? 혼백과 귀신을 모르고는 그 어떤 종교도 철학도 진리(지혜)에 이를 수 없다.

인간은 자신을 속이는 유일한 동물이다. 인간에겐 '헛것'이 가장 크고, '없는 것'이 가장 무겁다. 버리기 전에는 절대 못 느낀다. 그렇지만 '있는 것'은 버려도 '없는 것'은 못 버리는 게 인간이다. 수행은 그 '없는 것'을 버리는 일이다.

본서는 특정한 종교나 방술, 신비주의를 선전코자 쓴 책이 아니다. 오로지 건강한 육신에 건강한 영혼이 깃든다는 명제 아래 유사 이래 인간이 궁금해하던 것, 오해하고 있던 오만가지 수수께끼들을 과학적이고 논리적인 관점에서 풀어냈는데, 이미 많은 독자들이 "왜 진즉에 이 생각을 못했을까!"하고 탄식을 하였다. 더하여 수행자는 물론 일반인의 건강과 치매 예방을 위해 사색산책법(思索散策法), 호보(虎步), 축지법(縮地法), 박타법(拍打法) 등 갖가지 무가(武家)와 도가(道家)의 비전 양생법들도 최초로 공개하였다. 이제까지 아무도 말해 주지 않았던 비밀한 이야기들로 한 쪽지 한 쪽지가 수행자나 탐구자들이 일생을 통해 좇아다녀도 얻을 수 있을까말까 하는 산지혜들이다. 문명의 탄생 이래 인류가 감춰야만 했던 엄청 불편한 진실 앞에 '천기누설'이란 단어를 절로 떠올리게 된다.

東文選

신성대 지음/ 상·하 각권 19,000원/ 전국서점 판매중

혼백론 · 상
산책의 힘

제1장 **형용사는 진실이 아니다!**
- 가장 진실된 원시언어
- 형용사는 편견이다!
- 누가 '아름답다' 말하는가?
- 문명은 학습이다!
- 형용사를 붙들지만 마라!
- 가동사(假動詞), 가명사(假名詞)
  Tip. 지혜는 발끝에서 나온다!

제2장 **직립보행, 인간 뇌를 키우다!**
- 인류 진화의 비결은 직립보행!
- 엄지손가락의 진화
- 입(口)의 퇴화
- 발가락의 비밀
- 발가락과 두뇌
- 인간은 궁극적으로 무엇을 '생각'하는가?
  Tip. 귀보다 눈을 믿어라!

제3장 **혼(魂)이냐, 백(魄)이냐?**
- 난 아직 귀신을 보지 못했다!
- 혼백(魂魄)이란 무엇인가?
- 혼(魂)이란 무엇인가?
- 백(魄)이란 무엇인가?
- '나'의 주인은 누구인가?
- '마음'이란 무엇인가?
- 혼백을 가르면 '마음'이 보인다!
- 인간은 그동안 왜 백(魄)을 놓쳤을까?
- 넋과 얼
- 물질 세계와 정신 세계
  Tip. 정(精), 기(氣), 신(神)

제4장 **발가락으로 사유한다?**
- 걷는 것이 최고의 수행법
- 예술가들은 왜 산보를 즐기는가?
- 사유냐? 고민이냐?
- 산책(散策)과 사유(思惟)
- 합리적 판단과 결정을 위한 걸음
  Tip. 창조적 발상은 어디서 나오는가?

제5장 **사색산책, 어떻게 하나?**
- 타인을 의식하지 않기!

- 성(誠) · 신(信) · 의(意)
- 정중동(靜中動)과 집중 훈련
- 화두(話頭)란 무엇인가?
- 왜 정좌(正坐)인가?
- 제감(制感)은 가능한가?
- 대뇌 콘트롤은 가능한가?
- 의식의 매직 아이 현상
- 왜 수행하는가?
- 드디어 삼매(三昧)에 들다!
- 삼매(三昧)에서 무얼 하나?
- 신(神)을 버려야 '나'를 본다!
- 해탈(解脫)이 가능할까?

[부록] 양생이설(養生異說)

- 무지하면 몸이 고달프다!
- 야바위와 돌팔이에게 걸려드는 이유
- 꽃을 먹는다고 아름다워지랴!
- 아흔아홉 번을 구워도 소금은 소금일 뿐!
- 정령(精靈)의 결정체, 주사(朱砂)
- 사도세자는 왜 미쳐 죽었을까?
- 중금속, 약(藥)인가 독(毒)인가?
- 인간도 흙(土)을 먹고 살아야!
- 세탁기의 보급과 하이타이, 그리고 아토피
- 자연이 주는 최고의 항생제, 껍질
- 아무도 모르는 병, 냉상(冷傷)
- 협심증과 심장마비를 부르는 운동, 직업
- 최고의 건강 도우미, '팔수방'
- 침뜸 대신 샤워뜸을!
- 경기(驚氣)와 간질(癎疾)
- 주의력 결핍 과잉행동장애(ADHD), 자폐증
- 정신질환 발작과 신경안정제
- 마늘을 이기는 보약은 없다!
- 체육인의 필수 음식 율무
- 위기(圍氣)를 다스리는 도인법
- 원초적인 양생법, 박타(拍打)
- 뇌염 예방 접종과 돼지고기
- 하등동물(무척추동물)과 몬도 카네
- 고기를 구워먹기 좋아하는 한국인들
- 신태교(新胎敎), 구태교(舊胎敎)
- 결혼 전 성기능 체크하는 법!
- 남성이든 여성이든 섹스는 무조건 뜨거워야!
- 임신 휴가로 건강한 아이를!
- 재임신 기간이 짧으면 기형아 출산 위험!
- 조기교육보다 조기임신을!
- 성기는 왜 뒷다리 사이에 있나?
- 생식(生食)과 화식(火食)에 대한 오해
- 사리(舍利) 만드는 비결

인류의 마지막 수수께끼, 혼백(魂魄)을 풀다!

유사 이래 사람들은 정신이 곧 영혼이라 믿어 왔다. 하지만 그것만으로는 도무지 풀리지 않는 무엇이 있다. 그걸 찾고자 철학자들은 "너 자신을 알라!"며 끝없이 추궁을 해대고, 불교에서는 '참나'를 찾는다고 누천년을 수색해 왔지만 아직도 딱히 명확한 실체를 제시하지 못하고 모호하고 신령스런 어떤 것으로 얼버무리고 있다.

과연 영혼이란 무엇인가? 그리고 마음은 어디에 숨었단 말인가? 죽어서 우리 영혼이 넘어갈 저승 세계는 과연 있기나 한가? '혼백(魂魄)'은 어쩌면 인류가 그토록 찾아 헤매던 판도라의 마지막 상자가 아닐까? 인류 최초, 혼백(魂魄)으로 정신세계와 물질세계를 가른다!

- 산책의 기술, 사색의 비밀
- 걸어야 뇌(腦)가 산다
- 걷기만 잘해도 20년은 더 산다
- 도가비전양생기공 '호보(虎步)'
- 발끝으로 명상한다
- 혼백을 가르면 마음을 본다

- 마음을 알면 지혜의 문이 열린다
- 혼백을 알면 귀신을 본다
- 인류 최초의 야바위 귀신놀음
- 신성한 모든 것은 진실이 아니다
- 혼을 넣고 빼는 비밀
- 귀신을 보고 만들고 부리는 법
- 귀신도 몰랐던 귀신 이야기

신성대(辛成大)

1954년 경남 영산(靈山) 출생으로 16세에 해범 김광석 선생에게서 조선의 국기인 무예 십팔기(十八技)를 익히고, 이후 40여 년 동안 십팔기의 전승과 보급에 힘써 왔다. 현재 (사) 전통무예십팔기보존회 회장으로 십팔기와 더불어 수행법, 도인양생공을 지도하고 있다. 저서로는 《무덕(武德)-武의 문화, 武의 정신》《품격경영(상/하)》《자기 가치를 높이는 럭셔리 매너》《나는 대한민국이 아프다》 등이 있다.

- 산책 코스를 바꾸지 마라!
- 도심에서의 철학산책, 가능할까?
- 사색산책은 맨손이어야!
- 언제, 얼마만큼 걸을까?
- 실내에서 걷기
- 가벼운 노동은 사색을 돕는다!
- 사색과 취미생활
- 도보(徒步) 여행?
- 비즈니스 산책
- 등산이 몸에 좋은 이유
- 조깅, 마라톤
- 숨어 따라 망둥어도 뛴다?
- 아무나 뛰는 것이 아니다!
- 수(水)와 습(濕)은 다른 성질
- 창조적인 사색을 위한 산책 요령
- 발가락으로 두뇌 운동을!
- 미세먼지보다 더 무서운 건?
  Tip. 참신한 발상을 유도하는 사옥과 사색정원

제6장 치매, 질병인가 섭리인가?

- 고려장(高麗葬)이란?
- 치매(癡呆)는 자연의 섭리
- 치매란 무엇인가?
- 기억이 사라진다는 것은?
- 만약 늙어서 치매가 오지 않으면 어떻게 될까?
- 치매의 증상
- 치매는 피할 수 없는가?
- 치매는 귀족병이다!
- 인간도 동물(動物)이다!
- 걸어야 뇌가 산다!
- 치매는 계속 늘어난다!
- 자극이 없으면 뇌는 녹슨다!
- 발이 편하면 치매가 온다!
- 치매의 지름길 닦는 식탐(食貪)
- 원시 지혜와 고통의 순기능
- 치매에 좋은 한약재
  Tip. 싱겁게 늙고, 싱겁게 놀아라!

제7장 호보(虎步)란 무엇인가?

- 호보(虎步)란 일자보(一字步)!
- 호보(虎步)의 효과
- 치매 예방의 최고 비방 호보(虎步)
- 호보(虎步)에 숨은 비결
- 운동선수가 호보(虎步)를 익히면
- 불가수행법 경행(經行)
- 발가락만 움직여도 운동 효과
  Tip. 골(骨)·기(氣)·풍(風) 삼원론(三元論)

제8장 인간은 왜 우울한가?

- 우울증의 원인, 혼백의 균형 상실
- 스트레스와 조울증, 공황장애
- 알츠하이머와 불안증
- 갱년기 우울증과 호르몬
- 가까울수록 더 멀어지는 현대인
- 의기소침(意氣銷沈) 극복하는 법
- 열정 없는 삶은 죄악?
- 반려동물과 더불어 살아가기
- 스마트폰을 멀리하라!
- "울고 싶어라!"
- 산책과 햇볕은 우울증에 보약
  Tip. 야만(野蠻)과 야성(野性)은 별개

제9장 자살하는 유일한 동물, 인간?

- 생각한다. 고로 나는 자살한다?
- 답이 없는 질문, 망상의 철학
- 불행의 시작, 행복 바이러스
- 자연계에서 인간은 가장 못된 주인?
- 죽음을 오락으로 부추기는 가상 현실
- 전쟁중에는 자살이 없다!
- 군인들은 왜 자살하는가?
- 운동시설을 많이 갖추어 주라!
- 제복을 멋있게 해주라!
- 개똥밭에 굴러도 이승이 낫다!
- 가려거든 혼자서 가라!
- "죽고 싶다!" "죽고 싶다!" "죽고 싶다!"
- 상처받은 혼백이 강하다!
- 죽음은 붙잡거나 기다리는 것이 아니다!
  Tip. 마음의 뿌리, 변연계의 기억

제10장 야성(野性)을 길러라!

- 전자발찌로도 성범죄 재범을 막지 못하는 이유
- 신체적 고통에 대한 기억이 없는 현대인
- 문명이 야만보다 우월하다는 착각
- 때로는 야만에서 배워야!
- 이에는 이, 눈에는 눈!
- 체벌 금지가 최선인가?
- 폭력과 무덕(武德)
- 헬리콥터 마마 매니저
- 체벌도 훌륭한 교육의 방편
- 벌레물리기, 가시찔리기, 상처나기
- 아이들을 위한 '위험한 놀이터'
- 원시적 백(魄)강화법

東文選 文藝新書 252

일반교양강좌

에릭 코바
송대영 옮김

　본 《일반 교양 강좌》는 오늘날 발생하고 있는 시사 문제에 접근하기 위한 **기본 입문서**인 동시에, 대부분의 시험에서 채택하는 '철학 및 교양' 구술시험을 위한 요약 정리 참고서로도 도움이 되도록 하였다. 따라서 시험에 임박해 있거나, 이 과목에 많은 시간을 투자할 수 없는 수험생들이 이용하기에 알맞을 것이다. 이 책의 내용은 사고(思考)의 방향을 제시하기보다는 사고 작용을 돕도록 구성된 것이며, 각 주제들──권위 · 교외 · 행복 · 형벌 · 계약 · 문화…… 노동 · 노령──를 4단계로 나누어 구성하였다.
　먼저 **정의하기** 항목에서는 기존의 개념에 대한 역사적이고 언어학적인 접근을 시도하였다.
　두번째 **내용 구성하기** 항목에서는 문제 제기에 대해 논술 요약 형식으로 간결하게 내용을 전개하고자 한다.
　세번째 **심화하기** 항목에서는 전적으로 주제에 대한 기존 시각에서 소개된 철학 서적에서 주제의 내용과 직접적으로 연관된 세부 내용을 인용하고자 한다.
　마지막으로 **시사화하기** 항목에서는 우리의 연구에 합당한 개념을 담고 있는 '놀랄 만한' 철학적 모티프를 현재 일어나고 있는 시사 문제 속에서 찾고자 할 것이다.

東文選 文藝新書 277

자유와 결정론

오스카 브르니피에 [외]

최은영 옮김

  지금의 내 모습을 결정한 사람은 과연 누구일까. 나 자신일까, 아니면 다른 사람일까.
  나는 성장하면서 교육을 받았고, 문화를 경험하고 있다.
  그렇다면 교육을 내가 선택했을까.
  엄밀히 말하자면 나는 교육을 선택함에 자유롭지 못했다.
  나는 부모와 교사의 도움으로 교육을 받아 왔다. 문화의 현장에서……
  나는 부모를 선택했는가, 아니다. 나는 부모의 자녀로 선택받았다.
  지금의 내가 있기까지의 역사를 되돌아보면, 나는 지금의 내 모습을 전적으로 선택한 것 같지 않다.
  주변에서 존재하라는 대로 존재하고 있다…….
  그렇다면 지금의 내 모습을 결정지은 사람은 과연 나 자신일까……
  이러한 내가 지금 과연 자유로운 사람일까……

  자유란 자신이 원하는 것과 원하지 않는 것을 동시에 알고 있으면서 자신이 원하는 것을 선택하는 것이다.
  아는 것이 없는 상태에서 선택을 할 수 있을까.
  무지한 사람은 자신이 알고 있는 것만을 선택하거나 되는 대로 선택을 한다.
  진정한 선택이라 할 수 있을까. 진정한 자유라 할 수 있을까……

  철학적으로 사고한다는 것은 무엇보다도 질문할 줄 알고, 이성적 사유를 구축할 줄 알며, 혼자서 생각할 줄 안다는 것이다.
  이 책은 대화의 진행을 바라보면서 스스로 생각하는 법과 철학하는 방법의 기초를 닦을 수 있도록 도와 주고 있다.

東文選 文藝新書 251

어떻게 더불어 살 것인가

롤랑 바르트
김웅권 옮김

■ 롤랑 바르트의 풍요롭고 창조적인 기록들

본서는 바르트가 타계하기 3년 전 콜레주 드 프랑스에 취임하여 첫 해의 강의와 세미나를 위해 준비한 노트를 엮어낸 것이다. 따라서 강의를 위한 것과 세미나를 위한 것, 두 부분으로 나누어진다.

제도적 · 지적 차원에서 불가분의 관계에 있는 세미나와 강의는 대립과 보완의 작용을 한다. 더불어 살기의 어두운 면을 나타내는 것은 세미나이고, 반면에 그것의 보다 빛나는 면을 설명하고 하나의 유토피아의 의지적 탐구에 뛰어드는 것은 강의이다.

■동 · 서양을 넘나드는 지적 유희

"이 교수직의 취임 강의에서, 우리는 연구를 연구자의 상상계에 연결시킬 수 있는 가능성을 전제했다. 금년에 우리는 다음과 같은 특별한 상상계를 탐사하고자 했다. 그것은 '더불어 살기'의 모든 형태들(사회 · 팔랑스테르 · 가정 · 커플)이 아니라, 주로 동거가 개인적 자유를 배제하지 않는 매우 제한된 집단의 '더불어 살기'이다."

바르트의 본 강의는 그만의 독특한 양식(style)을 창조하는 하나의 예술 작품으로 이해해야 할 것이다. 어떤 주제를 놓고 우연에 의지하여 단상들을 펼쳐 가는 방식은 예술적 창조의 작업으로서 하나의 양식을 낳고 있다.

독자는 학자와 예술가-작가로서 원숙기에 다다른 바르트가 전개하는 자유자재롭고 폭넓은 사유의 움직임과 흐름을 맛보는 즐거움을 얻을 수 있을 것이며, 경우에 따라 그의 강의에 담겨 있는 독창적 발상들로부터 많은 아이디어를 얻을 수 있으리라 생각된다. 위대한 창조자들의 주변에는 아이디어들이 풍요롭게 맴돌고 있음을 기억하면서.

東文選 現代新書 44,45

쾌락의 횡포

장 클로드 기유보
김웅권 옮김

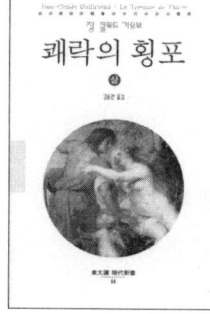

　섹스는 생과 사의 중심에 놓인 최대의 화두 가운데 하나라고 할 수 있다. 성에 관한 엄청난 소란이 오늘날 민주적인 근대성이 침투한 곳이라면 아주 작은 구석까지 식민지처럼 지배하고 있는 것이다. 이제 성은 일상 생활을 '따라다니는 소음'이 되어 버렸다. 우리 시대는 문자 그대로 '그것' 밖에 이야기하지 않는다.
　문화가 발전하고 교육의 학습 과정이 길어지면 길어질수록 결혼 연령은 늦추어지고 자연 발생적 생식 능력과 성욕은 억제하도록 요구받게 되었지 않은가! 역사의 전진은 발정기로부터 해방된 인간을 금기와 상징 체계로부터의 해방으로, 다시 말해 '성의 해방'으로 이동시키며 오히려 반문화적 현상을 드러내고 있다. 저자는 이것이 서양에서 오늘날 일어나고 있는 현상이라고 말한다. 서양에서 60년대말에 폭발한 학생 혁명과 더불어 본격적으로 시작된 '성의 혁명'은 30년의 세월을 지나 이제 한계점에 도달해 위기를 맞고 있다. 성의 해방을 추구해 온 30년 여정이 결국은 자체 모순에 의해 인간을 섹스의 노예로 전락시키며 새로운 모색을 강요하고 있는 것이다. 인간은 '섹스의 횡포'에 굴복하고 말 것인가?
　과거도 미래도 거부하는 현재 중심주의적 섹스의 향연이 낳은 딜레마, 무자비한 거대 자본주의 시장이 성의 상품화를 통해 가속화시키는 그 딜레마를 어떻게 극복할 것인가? 저자는 역사 속에 나타난 다양한 큰 문화들을 고찰하고, 관련된 모든 학문들을 끌어들이면서 폭넓게 성 문제를 조명하고 있다.

東文選 文藝新書 173

세계의 비참 (전3권)

피에르 부르디외 外

김주경 옮김

사회적 불행의 형태에 대한 사회학적 투시──피에르 부르디외와 22명의 사회학자들의 3년 작업. 사회적 조건의 불행, 사회적 위치의 불행, 그리고 개인적 고통에 대한 그들의 성찰적 지식 공개.

우리의 삶 한편에는 국민들의 일상적인 삶에 대해 무지한 정치 책임자들이 있고, 그 다른 한편에는 힘겹고 버거운 삶에 지쳐서 하고 싶은 말조차 할 수 없는 사람들이 있다. 이들을 바라보면서 어떤 사람들은 여론에 눈을 고정시키기도 하고, 또 어떤 사람들은 그들의 불행에 대해 항의를 표하기도 한다. 물론 이들이 항의를 할 수 있는 것은 자신들이 그 불행에서 벗어나 있기에 가능한 것이다.

여기 한 팀의 사회학자들이 피에르 부르디외의 지휘 아래 3년에 걸쳐서 몰두한 작업이 있다. 그들은 대규모 공영주택 단지·학교·사회복지회 직원, 노동자, 하층 무산계급, 사무직원, 농부, 그리고 가정이라는 세계 속에 비참한 사회적 산물이 어떠한 현대적인 형태를 띠고 나타나는지를 이해하고자 했다. 그들이 본 각각의 세계에는 저마다 고유한 갈등 구조들이 형성되어 있었고, 그 안에서 발생하는 고통을 직접 몸으로 체험한 자들만이 말할 수 있는 진실들이 있었다.

이 책은 버려진 채 병원에 누워 있는 전직 사회복지 가정방문원이라든가, 노동자 계층의 고아 출신인 금속기계공, 정당한 권리를 찾지 못하고 떠돌아다닐 수밖에 없는 집 없는 사람들, 도시 폭력의 희생자가 된 고등학교 교장과 교사들, 빈민 교외 지역의 하급 경찰관, 그리고 이들과 함께 살아가는 수많은 사람들의 만성적이면서도 새로운 삶의 고통을 이야기한다.

東文選 文藝新書 243

행복해지기 위해 무엇을 배워야 하는가?

알랭 우지오 [외]
김교신 옮김

아니, 행복해지는 법을 배울 수 있기라도 한 것일까? 행복하지 않다면 그 인생은 실패한 인생이란 말인가? 그리고 실패한 인생은 불행한 인생이고, 이는 아니 삶만 못한 것일까? ……현대인들은 과거의 그 어떤 조상들이 누렸던 것보다도 더한 풍족함 속에서도 끊임없이 '행복에 대한 강박증'에 시달린다. 행복은 이제 의무이자 종교이다. "행복하라, 그렇지 않으면……."

프랑스 개혁교회 목사인 알랭 우지오의 기획 아래 오늘날 프랑스에서 가장 영향력 있는 22명의 각계 유명인사들이 모여 '행복해지는 법'에 대한 지혜를 짜모았다.

- 실패로부터 이익을 끌어낼 수 있을까?
- 고통은 의미가 있을까?
- 행복해지는 법을 배울 수 있을까?
- 신앙은 삶에 도움을 줄 수 있을까?
- 자신의 감정을 두려워해야 할까?
- 더 이상 희망이 없을 땐 어떻게 살아야 할까?
- 타인을 받아들이는 법을 배울 수 있을까?
- 자기 자신을 사랑하는 법을 배울 수 있을까?

마지막으로 알랭 우지오는 행복해지기 위한 세 가지 기술을 제시한다. 먼저 신뢰 속에 살아 있다는 느낌, 그 다음엔 태평함과 거침없음, 그리고 마지막으로 삶에 대한 단순한 사랑으로 '거저' 사는 기쁨. 하지만 이 세 가지 중에서 가장 중요한 것은 변명도 이유도 없는 것에 대한 사랑, 삶에 대한 사랑이다.